Sur

Co

GALLIMARD JEUNESSE

ISBN 978-2-07-063705-8

Loi n° 49-956 du 16 juillet 1949 sur les publications destinées à la jeunesse.

Premier dépôt légal : février 2011 – Dépôt légal : septembre 2015
N° d'édition: 290977
Photogravure : Scanplus
Imprimé par L.E.G.O. S.p.A. (Italie)

Sur les traces de...

Christophe Colomb

Gallimard Jeunesse

Sur les traces de...

CHRISTOPHE COLOMB

La passion de naviguer 8

Des projets un peu fous 20

Colomb et les Rois Catholiques 32

Le grand départ 44

Sur la mer Océane 54

Un goût de paradis 64

L'île Espagnole 76

Le partage du monde 88

Par l'épée et par la croix 100

Les derniers voyages 112

6 Les voyages de Colomb (carte)

18 La cartographie au XVe siècle

30 L'Église d'Espagne

42 La fin de la Reconquête

52 Les ports et les caravelles

62 La navigation

74 La nature des tropiques

86 Les Indiens : Taïnos et Caraïbes

98 Le partage du monde

110 Les violences contre les Indiens

122 Les explorations maritimes

124 Les récits de la découverte de l'Amérique

OCÉAN
ATLANTIQUE
îles
Bahamas
Cuba
Porto-Rico
île Espagnole
(Hispaniola)
Haïti
Trinidad

CHRISTOPHE COLOMB effectue quatre voyages vers le Nouveau Monde : le premier en 1492, le deuxième en 1493, le troisième en 1498 et le dernier en 1502.

La passion de naviguer

Dans l'arrière-boutique d'un atelier de tissage qui donnait sur une petite place ensoleillée du port de **Gênes**, Bartolomé et son frère Christophe se penchaient sur des rouleaux de parchemin. Bartolomé, le **cosmographe**, comparait les cartes qu'il établissait avec celles que dessinaient ses confrères :

– Regarde ici, Christophe, approche-toi ! Je viens d'acheter très cher cette carte de Grazioso Benicasa. Dans la **mer Océane**, les îles **Canaries** et Madère sont toujours à la même place, et c'est bien normal, dit-il en souriant, mais à l'ouest, il y a des nouveautés importantes... Et au sud, on ne sait toujours pas où finit l'Afrique !

Christophe avait fait, lui aussi, une acquisition qu'il étala sur la grande table :

– Bartolomé, laissons l'Afrique aux pilotes du **roi Jean** ! Ce qui est important, c'est l'ouest ! Si tu compares avec ce **portulan**, qui est de Cristóbal

Gênes : grand port commercial d'Italie.
Cosmographe : savant qui s'intéresse à la description de l'univers et qui établit des cartes.
Mer Océane : océan Atlantique.
Canaries : groupe de sept îles au large des côtes d'Afrique.
Roi Jean : Jean II, roi du Portugal.
Portulan : carte nautique où étaient indiqués les côtes, les courants et les ports.

Soligo, tu verras que les îles de Brasilia, des Sept-Cités et d'Antilia sont situées plus à l'ouest !

– C'est vrai ! Toi qui as navigué dans ces parages, qu'en penses-tu ?

– Pour ma part, je les placerais encore un peu plus loin, et plus au sud !

Bartolomé approuva et ajouta :

– Ce qu'aucun d'entre eux n'indique c'est à quelle distance ces îles peuvent bien se trouver des côtes des Indes ou de **Cathay**.

– Je suis sûr qu'il est infiniment plus court de parvenir aux Indes par cette route maritime que par terre. C'est à moi de compléter la carte du monde. Et pour cela, je ferai ce que personne encore n'a osé : je traverserai la mer Océane en moins d'un mois !

– Christophe, avant que tu n'entreprennes ce voyage, je voudrais recueillir d'autres renseignements. Tu es toujours prêt à te lancer dans la grande traversée ? interrogea Bartolomé, avec une pointe d'inquiétude.

– Plus que jamais ! répondit Christophe sans la moindre hésitation.

Cathay : nom donné à la Chine depuis le voyage de Marco Polo.
Lisbonne : grand port sur l'Atlantique à l'embouchure du Tage, capitale du Portugal.

Christophe venait d'avoir trente ans. Depuis 1476, il partageait son temps entre **Lisbonne** et Porto Santo, dans l'archipel de Madère, mais ce séjour à Gênes, chez son père, lui avait semblé nécessaire pour revoir sa famille et consulter de nouveaux documents.

À cette époque, il connaissait bien les bateaux et les dangers de la mer. Il avait déjà sillonné la Méditerranée en tous sens, était parti sur l'océan, vers le nord jusqu'en Islande, vers le sud jusqu'aux côtes de Guinée. Mais il gardait en lui la même impatience qu'à son tout premier voyage : il n'avait alors que dix ans ! Il s'était promis d'aller un jour là où nul navigateur ne s'était aventuré : peut-être même jusqu'aux frontières du **Paradis terrestre** !

Depuis dix ans, les navigateurs portugais avaient atteint l'équateur : leur but était de contourner le continent africain pour gagner les Indes. Pourtant il apparaissait évident au fils d'un modeste tisserand génois que la route la plus naturelle pour parvenir en Asie était celle de l'ouest. Cette idée s'était peu à peu imposée à lui et sa résolution s'affermissait de jour en jour. Il lisait beaucoup : l'*Imago Mundi* de **Pierre d'Ailly**, l'*Histoire naturelle* de **Pline**, et bien sûr le récit du voyage de **Marco Polo**. Il interrogeait les marins et essayait de consulter les portulans jalousement gardés par les pilotes.

Ce soir-là, Christophe arpentait le quai du port de Gênes avec son jeune frère Diego, alors que le soleil se couchait sur la mer. Il ne se lassait

Paradis terrestre : territoire mythique que les sages du temps croyaient situé au-delà des mers.

Pierre d'Ailly : cardinal français (1350-1420), auteur d'un ouvrage de géographie.

Pline : écrivain romain (23-79).

Marco Polo : marchand vénitien (1254-1324) qui parcourut l'Asie, auteur du *Livre des merveilles du monde*.

pas de contempler le mouvement des navires qui apportaient et emportaient le mystère à peine dévoilé des terres connues : les marchandises venant des ports de Grèce, de Turquie, d'Algérie, de Libye, d'Égypte, de Palestine..., les commerçants arabes, les esclaves **nubiens** qui portaient de lourdes charges. Il imaginait les portes de l'Orient lointain, la route de Marco Polo... mais ce qui l'attirait surtout c'était le grand Océan au-delà des **colonnes d'Hercule**.

Nubiens : de Nubie, en Afrique orientale.
Colonnes d'Hercule : nom donné dans l'Antiquité au détroit de Gibraltar.

Encore sous le coup de l'excitation qui l'avait animé en comparant les cartes marines, Christophe tenta de convaincre Diego qui allait sur ses seize ans :

– Est-ce que je dois encore te répéter que la Terre est

ronde comme une orange ? Je crois qu'elle et un peu renflée au nord, comme un sein de femme, mais elle est ronde...

– Et tu crois cela parce qu'un vieux fou de **Grec**... Excuse-moi, Christophe, je sais que les Grecs étaient très savants, mais il te faut convenir qu'il y a deux mille ans, ils ne disposaient d'aucun instrument de mesure... Avaient-ils des cartes seulement ? Je vois que tu n'en sais rien ! Et, si la Terre est ronde, l'Océan doit se déverser quelque part...

Un peu agacé, Christophe fit un effort pour rester calme. Et il répéta à son frère ce qu'il avait déjà dit à bien des **incrédules** :

Grec : allusion à Ératosthène, astronome grec né en 275 av. J.-C., qui donna une évaluation de la dimension de la Terre proche de la réalité.

Incrédule : qui croit difficilement ce qu'on lui dit.

– Les Anciens n'avaient sans doute pas beaucoup de moyens, Diego, mais ils savaient observer et calculer ! Tu es déjà allé en pleine mer sur le poste de **vigie**, tu as bien remarqué que l'horizon est légèrement bombé, et tu as vu l'ombre de la Terre sur la lune… Écoute, je connais même la dimension de notre grosse orange et elle est plus petite que ne le croient les savants de la cour du Portugal !

La nuit commençait à tomber et les premières étoiles faisaient leur apparition. Christophe continua, comme se parlant à lui-même :

– **Jean de Mandeville** dit bien que rien n'empêche d'en faire le tour…

– Et tu crois tout ce qu'écrit Mandeville ? Il n'a pas fait le tour de la Terre, que je sache !

– Admettons que le récit de Mandeville puisse être parfois discutable, concéda Christophe, mais tu ne vas pas mettre en doute les récits de Marco Polo. Il a parcouru la Perse, la Tartarie et le Cathay, il a rencontré le **Grand Khan** ! Il a visité d'immenses régions inconnues jusqu'alors. J'ai le livre où sont consignées toutes ces merveilles… Il dit bien qu'à l'est de l'Inde et de Cathay, il y a une mer immense et dans cette mer qui ne peut être que la mer Océane, il y a des îles en grand nombre, il y a **Cipango**, la plus riche de toutes, tout un chapelet d'îles…

Vigie : marin placé en observation, généralement en haut du mât.
Jean de Mandeville : auteur (XIVe siècle) d'un récit de voyages dans le Levant et le Moyen-Orient, plus ou moins véridique.
Grand Khan : Kubilaï Khan, roi des Mongols, qui avait reçu Marco Polo.
Cipango : ancien nom du Japon.

– Tu vois qu'il y a de quoi se perdre ! dit Diego en riant.

– Peut-être, jeune ignorant, mais n'aimerais-tu pas découvrir ces îles et ces contrées qui regorgent d'or, d'épices, où il y a sûrement des perles, et d'autres trésors ?

– Tu sais que je suis prêt à te suivre… Mais où vas-tu trouver un navire ? Et un équipage ? Je crains que ton projet n'intéresse personne à Gênes, ni même à **Venise**… D'après Bartolomé, seuls les Portugais pourraient s'y montrer favorables. Mais es-tu prêt à aller demander la protection et l'aide du roi ?

– Tu sais bien, Diego, que je ferai tout ce qu'il faudra, et même un peu plus ! Voilà cinq ans que je vis à Lisbonne. Lorsque j'y suis arrivé, c'était mon premier commandement de navire.

– Et ton premier naufrage ! ironisa Diego.

Christophe préféra rester muet. Il n'aimait guère s'étendre sur ses aventures passées. Lors de cette expédition génoise, son bateau avait été coulé par une flotte française, et il avait regagné la côte à la nage. Il n'avait jamais précisé si ce voyage était simplement commercial ou s'il tenait de la **piraterie**.

Diego reprit sur un ton plus sérieux :

– Il faut du temps pour préparer un tel voyage ! De l'argent pour **armer** un navire qui doit être assez grand pour rapporter l'or, la soie, le gingembre, la cannelle, les clous de girofle…

Venise : grand port commercial italien sur l'Adriatique, en rivalité avec Gênes.
Piraterie : brigandage exercé sur mer ou dans les ports.
Armer : équiper un navire.

– Je vois que tu as tout compris, Diego ! Il ne faut pas trop attendre ! Les cartes ne m'apprendront rien de plus. Je dois convaincre le roi du Portugal. Je sais bien que presque personne n'est de mon avis et que les envieux ne manquent pas. C'est maintenant que je dois accomplir la volonté de Dieu. Qu'on me donne un bon navire, j'irai aux Indes par la route de l'ouest !

<u>La cartographie</u>, à la fin du XVe siècle est une science en plein développement. Une partie des îles et des terres représentées sont approximatives ou mythiques, telles que l'île de Saint-Brendan, l'île Brésil ou Antilia. En 1492, Martin Behaim construit le premier globe terrestre.

Les monstres marins
La peur de l'inconnu et la crainte des naufrages ont créé des images fantastiques de monstres marins peuplant l'océan. Les énormes baleines, le redoutable **serpent de mer** ou le poulpe géant y voisinent avec des créatures plus paisibles, mais tout aussi inquiétantes, les sirènes.

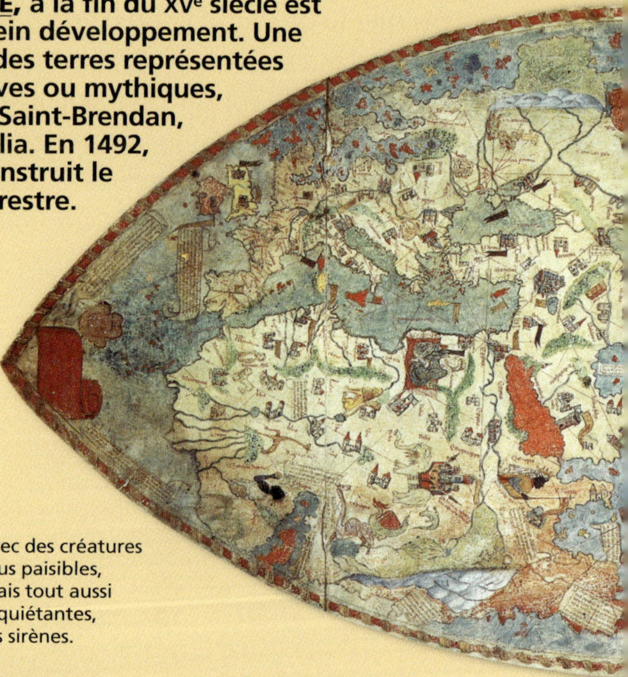

Carte de Juan de la Cosa

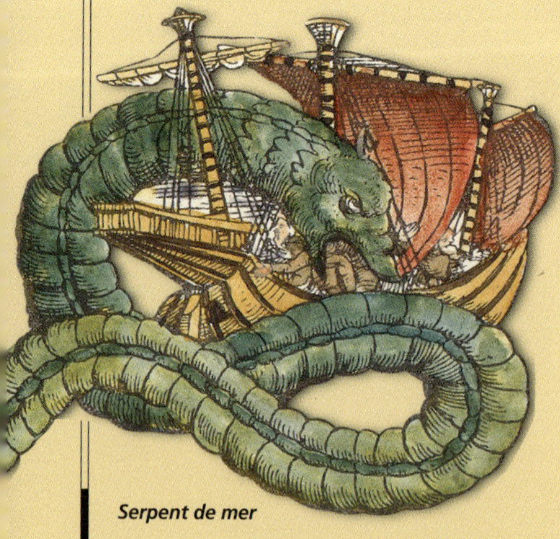

Serpent de mer

Juan de la Cosa
Pilote-cosmographe, il a dessiné cette carte remarquable vers 1500. On peut y voir à gauche les Antilles avec Cuba et Haïti-Saint-Domingue, ainsi qu'un contour approximatif des côtes du golfe du Mexique et du Venezuela. Dans la partie plus à l'ouest, il a représenté saint Christophe portant le Christ.

« Il ne faut pas trop attendre ! Les cartes ne m'apprendront rien de plus. »

Carte de Paolo Toscanelli

L'aide de Toscanelli
Colomb possède une copie de cette carte de l'Italien Paolo Toscanelli. Elle confirme les mesures du cosmographe arabe al-Farghani. Colomb est donc persuadé que la distance entre l'Europe et les côtes d'Asie est aisément franchissable. Toscanelli lui a envoyé une lettre l'encourageant à persévérer « dans sa grande et noble entreprise ».

Le Paradis terrestre
Il est situé sur les cartes dans des régions lointaines. Colomb est persuadé s'en être approché, prenant l'embouchure de l'Orénoque pour celle du Gange, fleuve qui, selon la tradition, descend du Paradis.
Les Indiens sont beaux, nus, innocents, comme les hommes avant le Péché originel.

Représentation du Paradis terrestre au XVe siècle

Des projets un peu fous

Le roi du Portugal Alphonse V était mort en 1481. Pendant son règne, il avait été tout aussi intéressé par les voyages de découverte que son oncle **Henri le Navigateur**. Jean II lui succéda. Ce roi était aimable, instruit et très sensé. Il écoutait avec la plus grande attention les nombreux navigateurs qui venaient proposer leurs services. Jean II voulait évangéliser de nouvelles contrées. D'ailleurs, à la cour, il avait accueilli les enfants des rois d'Éthiopie, de Guinée et d'autres pays d'Afrique.

Christophe Colomb avait donc choisi de retourner vivre à Lisbonne après son bref séjour à Gênes. Certes, il était plus souvent sur le pont d'un navire que sur la terre ferme mais il savait que c'était dans cette ville qu'il avait le plus de chances de trouver des appuis.

Toujours aussi sûr de lui, il parvint à rencontrer des conseillers du roi pour leur exposer son projet. Mais c'est le roi en personne qu'il devait essayer de convaincre pour obtenir des bateaux et une **commission**

Henri le Navigateur : prince et savant portugais (1394-1460) qui organisa des expéditions vers l'Afrique.
Commission : pouvoir conféré par la Couronne pour aller à la découverte et à la conquête de nouveaux territoires.

afin de rallier l'Extrême-Orient en traversant la **mer du Ponant.** Le souverain lui accorda une audience : il tenait peut-être enfin sa chance !

Le roi Jean le reçut avec bienveillance mais il s'adressa à lui avec fermeté :

– Messire Colomb, votre projet a été examiné avec beaucoup d'attention par la **junte des mathématiciens**. Vous savez que j'ai toute confiance en eux. Leurs conclusions vous sont défavorables ! D'après eux, le voyage que vous proposez est irréalisable car il faudrait six mois pour parvenir aux grandes îles, et jusqu'aux Indes. Nous y avions pensé nous-mêmes depuis plusieurs années, mais nous avons abandonné cette idée.

– Mais, sire, considérez que c'est une nouvelle route pour le commerce, pour la grandeur de votre royaume, pour porter la parole du Christ, et d'après tous mes calculs, il ne faudrait qu'un mois tout au plus de navigation !

– Je connais votre obstination que j'apprécie, mais je m'en tiens aux sages avis de mes conseillers. Par ailleurs, j'ai décidé de continuer à envoyer des navires le long des côtes d'Afrique, et je suis le seul à pouvoir le faire. Je ne crois pas en votre « petite » mer du Ponant. L'Océan est incomparablement plus vaste ! Je dispose d'excellents pilotes : ils réussiront à contourner l'Afrique. Allez, l'entretien est terminé !

Mer du Ponant : océan Atlantique.
Junte des mathématiciens : réunion de savants, de théologiens et de cosmographes chargés d'examiner les propositions d'expédition.

Ce refus affecta Colomb, mais il n'en laissa rien paraître. Un malheur n'arrivant jamais seul, Filippa, qu'il avait épousée à Madère six ans plus tôt, mourut brusquement. C'était la fille du gouverneur de l'île de Porto Santo. L'année ne lui était pas favorable ! Colomb décida de quitter discrètement le Portugal accompagné de son fils Diego qui venait d'avoir cinq ans. Son frère aîné Bartolomé, que Christophe avait définitivement gagné à ses projets, resta à Lisbonne. Il ne fallait pas que le roi du Portugal l'oubliât, car après tout, il pouvait encore changer d'avis !

Christophe, débarqué à Palos, résida un temps à Huelva, un port espagnol de la côte atlantique, chez les sœurs de sa défunte femme. Il fit de nouvelles connaissances, chercha inlassablement des soutiens. On lui conseilla de se rendre au couvent **franciscain** de la Rábida, situé dans la région maritime du comté de Niebla, ouverte vers l'océan.

Franciscain : de l'ordre de Saint-François.

Le père Marchena, qui le reçut, prêta une oreille attentive aux projets qui lui avaient paru d'abord un peu fous. Mais au fil des semaines, il avait fait siens tous les arguments de ce Génois qui semblait animé par une force irrésistible :

– Mon fils, je vous sais préoccupé des choses de la religion, et je sais aussi que votre soif de découvertes a pour but essentiel la conversion de nombreuses âmes païennes qui sont dans l'attente du baptême.

– Je vous remercie, mon père, de votre confiance et de

votre accueil. Diego reçoit parmi vous la meilleure éducation. Je sais tout ce que je dois à l'ordre de Saint-François !

– Cet appui n'est pas désintéressé, car je suis convaincu que votre projet vous a été dicté par Dieu. Vous serez son envoyé, je n'en doute pas ! Notre puissant seigneur, le duc de Medina Celi, vous entendra avec le plus grand intérêt. Vous devriez aller à **Séville** pour le rencontrer. Il dispose d'une flotte commerciale.

Séville : capitale de l'Andalousie (sud de l'Espagne), port commerçant sur le Guadalquivir.

« Le duc de Medina Celi acceptera-t-il mes conditions ? » murmura Colomb en se parlant à lui-même.

Il ajouta avec un léger hochement de la tête :

– L'ordre de Saint-François m'a conforté dans ma foi, il m'a donné la force de continuer à espérer !

– Je me réjouis de votre séjour parmi nous, en attendant que vous puissiez partir pour votre mission.

Christophe Colomb multiplia les démarches, il étudia des ouvrages de cosmographie, compara des cartes de géographie, en particulier le planisphère du Florentin Paolo del Pozzo Toscanelli qui lui semblait correspondre avec beaucoup d'exactitude à sa propre vision du monde.

Mais, malgré tout, le temps lui semblait long dans le calme du petit cloître du couvent. Aussi accepta-t-il avec enthousiasme l'invitation du duc de Medina Celi qui lui proposa de s'installer dans son palais.

Il y résida pendant deux ans. Le duc, convaincu par les beaux discours de son invité, prépara même des navires… Mais Colomb était ambitieux. Pour que son voyage ait un large retentissement et pour qu'il obtienne des titres et de grands bénéfices, il lui fallait l'appui du roi d'Aragon et de la reine de Castille.

Ferdinand et Isabelle voyageaient sans cesse et la cour se déplaçait avec eux. Comme ils livraient les dernières grandes batailles contre le **royaume maure** de Grenade, ils résidaient le plus souvent à Cordoue. C'est dans cette ville que Colomb s'était installé et c'est là qu'il rencontra le grand trésorier de Castille, Alonso de Quintanilla, lequel se

Royaume maure : le royaume de Grenade fut le dernier territoire musulman d'Espagne à la fin du XVe siècle.

montra lui aussi favorable aux plans audacieux du Génois :

– Messire Colomb, je pense qu'un tel projet doit être pris en considération. Vous me dites qu'il faudra au moins trois bateaux. C'est tout à fait possible, mais il faut vous adresser à Leurs Majestés.

– Je brûle de les rencontrer…

– Rien ne peut se faire sans l'accord et sans l'appui de l'archevêque de Tolède, don Pedro Gonzalez de Mendoza. Je lui ai déjà parlé de vous. Vous savez que c'est le conseiller le plus écouté, d'ailleurs on le surnomme le « troisième roi » !

Christophe Colomb convainquit le **prélat**, et il fut enfin reçu en audience royale à Cordoue. Mais quelle déception ! quelle humiliation ! Ferdinand se montra distant et assez froid. Seule Isabelle de Castille lui accorda une attention bienveillante.

Prélat : puissant homme d'Église.

En reconnaissance, le navigateur lui écrivit plus tard : « Tous se moquèrent de mon projet. Seule Votre Altesse fit preuve de foi et de constance, et ce fut, à n'en pas douter, par la lumière du Saint-Esprit. »

Ne perdant pas espoir, Colomb suivit la cour dans ses campagnes militaires contre les Maures : à Málaga en 1487, puis à Cordoue, où sévissait la peste, avant d'aller passer l'hiver à Saragosse. L'année suivante, les rois se rendirent à Valladolid.

Pendant toute cette période, les souverains avaient un peu oublié le navigateur. Des savants devaient examiner son projet mais ils ne semblaient guère pressés de rendre leurs conclusions.

Colomb revint à Cordoue et attendit une réponse des rois. En vain ! Par bonheur, il rencontra la jeune Béatrice de Arana qui lui apporta soutien et réconfort durant ces heures sombres et devint la mère de son second fils, Fernando.

Las de guetter un signe de la part des souverains espagnols, Christophe décida de faire une nouvelle tentative auprès du roi du Portugal.

Mais, en 1488, Jean II refusa encore une fois son aide. Les marins portugais avaient atteint l'année précédente l'extrémité sud de l'Afrique. C'est le pilote Bartolomeu Dias qui, le premier, avait doublé le **cap des Tempêtes**. Il était désormais possible de contourner le continent pour atteindre les Indes : le Portugal avait ouvert la route maritime vers l'Asie ! Christophe Colomb comprit que son projet n'avait plus grand intérêt pour le roi Jean et n'insista pas. Il lui restait d'autres cartes à jouer. Pour cela, il avait besoin de son frère, le fidèle Bartolomé :

Cap des Tempêtes : cap à l'extrémité sud de l'Afrique appelé aujourd'hui cap de Bonne-Espérance.

– L'Angleterre est enfin en paix. Le roi Henri VII t'écoutera, cela ne fait aucun doute. Il verra bien où est son intérêt. Mais si par hasard, il refusait lui aussi, je compte sur toi pour plaider notre cause auprès de la couronne de France.

Bartolomé, de retour de son long voyage, résuma ainsi son échec :

– J'ai été très bien reçu ! Mais il était clair que le roi d'Angleterre avait d'autres idées en tête, et que ses coffres étaient vides ! En France, la **régente** Anne de Beaujeu a été très intéressée par la cosmographie. Elle m'a demandé de dessiner des cartes marines, mais finalement, je n'ai rien obtenu !

Régent : membre de la famille royale qui gouverne pendant la minorité du roi.

– Nous aurons tout essayé, lui dit Christophe en le serrant dans ses bras. Je crois que le destin m'attache à Cordoue et à ma chère Béatrice. Un an encore, peut-être deux, et tu verras : je réussirai à convaincre Ferdinand et Isabelle !

LA RELIGION CHRÉTIENNE a un rôle prépondérant dans la vie morale et politique de l'Espagne de la fin du XVe siècle et du début du XVIe siècle. Les manifestations religieuses rythment la vie quotidienne.

Un rôle politique
Le pouvoir politique est soutenu par de nombreux ecclésiastiques : l'archevêque de Tolède, Pedro Gonzalez de Mendoza, conseiller des Rois Catholiques, Pedro Deza, confesseur de la reine, ou le grand inquisiteur.

Christ de la cathédrale de Séville

Des chefs-d'œuvre
L'art de la Renaissance espagnole puis de l'époque baroque est fortement marqué par les représentations religieuses. Ici on peut voir un **Christ en croix** du célèbre sculpteur Montañés impressionnant par son réalisme.

« Votre projet vous a été dicté par Dieu. Vous serez son envoyé, je n'en doute pas ! »

Cathédrale de Séville : elle comporte une tour de l'ancienne mosquée.

Les châtiments
Les peines infligées par le tribunal de l'**Inquisition** aux hérétiques vont de l'abjuration (reconnaissance des erreurs) à la mort sur le bûcher, à la suite d'un autodafé (acte de foi pour mériter le pardon).

Colomb, « porte-Christ »
Colomb signe ainsi ses documents. Les trois premières lignes signifient « Sanctus, Sanctus (saint) Ave (salut) Sanctus, Xristofore Maria Yoannes ». La dernière : « porte-Christ ».

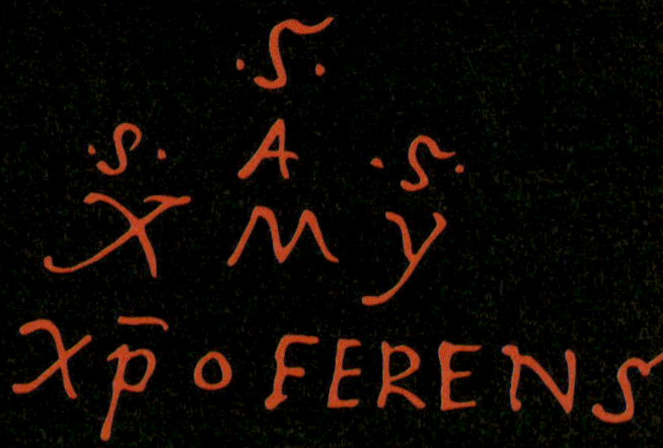

Le tribunal de l'Inquisition

L'Inquisition
Ce tribunal ecclésiastique est confié aux dominicains, dont le but est de pourchasser les hérétiques, c'est-à-dire ceux qui ne suivent pas strictement les règles de la religion catholique. Il prend de l'importance à l'époque des Rois Catholiques. Les juifs et les musulmans qui continuent à pratiquer leur religion, (et plus tard les protestants) sont persécutés.

Torquemada, grand inquisiteur redouté, exerce son pouvoir de 1483 à 1498.

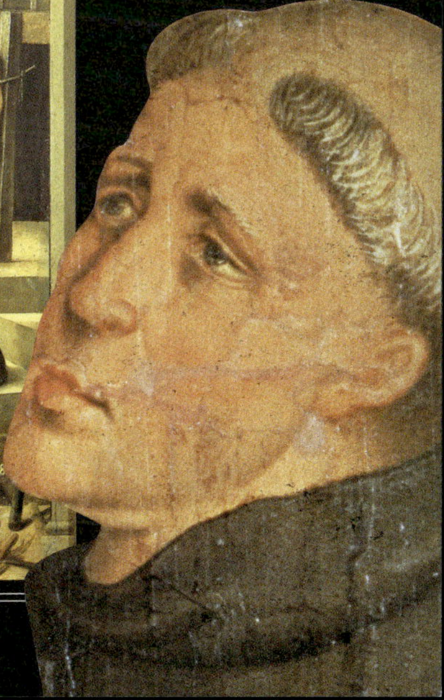

Colomb et les Rois Catholiques

Christophe Colomb ne perdait pas le contact avec la cour d'Espagne et restait dans l'ombre des souverains. Enfin, en 1490, la commission des savants castillans, après des années de réflexion, rendit son verdict. La conclusion était sans appel :

« Rien ne peut justifier la faveur de Vos Altesses pour une affaire qui repose sur des bases aussi faibles, et qui apparaît impossible à réaliser... »

L'assemblée était présidée par Hernando de Talavera, le confesseur de la reine. Cet homme d'Église ne connaissait rien à la géographie, mais il pensait que les limites du monde connu avaient été fixées par Dieu... et que c'était grand péché que d'essayer de les franchir ! Pour lui, le projet du navigateur semblait une **hérésie**. C'était à l'**Inquisition** de s'occuper de cette affaire !

Hérésie : idées ou actes considérés comme dangereux et non conformes au catholicisme.
Inquisition : tribunal ecclésiastique, très actif en Espagne, qui pourchassait les juifs et les musulmans convertis pratiquant encore leur religion d'origine, et les hérétiques.

Colomb ne désespérait pourtant pas. Son pouvoir de conviction avait impressionné des personnalités influentes. Tout n'était pas encore décidé. D'ailleurs les rois lui versaient une pension. Il devint l'ami du trésorier d'Aragon, Luis de Santangel, et obtint que l'on examine à nouveau ses propositions. Son caractère s'était affirmé, sa foi restait inébranlable, il parlait avec **éloquence**, et il était sûr qu'il était l'envoyé de Dieu !

Mais en 1491, il dut essuyer un nouveau refus de la commission des savants. Tout semblait perdu ! Les années passaient et Colomb voyait son rêve lui échapper. Il se confia au dominicain Diego de Deza, **précepteur** de l'**infant** qui l'avait toujours encouragé :

– Mon cher ami, malgré mes arguments, malgré votre soutien, ces cosmographes de cour mettent un frein à mon **dessein**. Je n'ai plus grand-chose à espérer de la couronne d'Espagne. Vous savez que mon frère Bartolomé a été bien reçu en France. Peut-être devrais-je y aller à mon tour pour convaincre tout à fait la régente.

Deza connaissait l'entêtement de Christophe, et il dut beaucoup insister pour qu'il abandonne cette idée de voyage à l'étranger :

– Je comprends votre déception, messire Colomb, mais ne renoncez pas ! Surtout pas maintenant ! Comptez sur mon appui. Grenade va tomber. Les **Infidèles**

Éloquence : facilité de parole et don de convaincre.
Précepteur : professeur.
Infant : nom espagnol donné aux fils puînés du roi.
Dessein : but, projet.
Infidèles : terme désignant les non-catholiques, principalement les musulmans et les juifs.

quitteront le sol de l'Espagne, et vous, vous irez aux Indes !

En effet, après un siège interminable, le 2 janvier, le roi **Boabdil** se rendit aux troupes chrétiennes. Colomb était présent lors de cette journée mémorable. C'était la fin de la **Reconquête**. Le dernier royaume maure, celui de Grenade, venait de tomber. Diego de Deza avait vu juste.

Colomb se reprit à espérer, il sollicita une audience auprès des souverains qui étaient installés dans leur camp à Santa Fe, près de Grenade. Il s'adressa à son ami Luis de Santangel :

– Ne croyez-vous pas, Santangel, que la victoire des chrétiens serait complète si l'on convertissait les peuples d'Orient ?

– Certes, messire Colomb, et Leurs Altesses ont de grands projets pour la chrétienté. Ils souhaitent expulser les juifs et les musulmans qui ne voudraient pas se convertir à notre Sainte Foi, et tout faire pour libérer les **Lieux saints** !

– Je pense les y aider efficacement. Une ère de gloire s'ouvre pour l'Espagne.

Boabdil : dernier roi maure de Grenade qui remit les clefs de la ville aux Rois Catholiques le 2 janvier 1492.

Reconquête : longue série de combats, commencés au VIIIe siècle, opposant les chrétiens du nord de l'Espagne aux musulmans installés dans le sud (Andalousie).

Lieux saints : la Palestine où vécut Jésus-Christ, et en particulier Jérusalem.

Santangel croyait fermement que Colomb pouvait mener à bien son expédition. Cette aventure était sans doute celle de sa vie. Aussi profita-t-il de la bonne disposition des rois, pour plaider de nouveau la cause de son ami, après que celui-ci eut une nouvelle fois exposé ses projets :

– Altesse, Dieu a choisi l'Espagne ! Votre gloire doit aller au-delà des mers. Et votre profit aussi ! Par ailleurs, le Portugal pourrait bien vous précéder dans cette entreprise. Vous n'avez rien à perdre en accordant votre protection à Christophe Colomb.

Théologiens : savants étudiant l'histoire de la religion et l'interprétation des textes sacrés.

Ferdinand d'Aragon se leva de son trône légèrement irrité :

– Ce Génois prétentieux et illuminé insiste donc, malgré les avis défavorables de nos savants et de nos **théologiens** !

La reine Isabelle savait que Christophe Colomb déplaisait à son mari. Mais, elle, elle admirait son audace et sa grandeur d'âme :

– Je crois pour ma part que messire Colomb est capable de réaliser de grandes choses. Je suis persuadée qu'il atteindra son but et que sa réussite ne pourra que profiter à l'Espagne et au monde chrétien.

Ferdinand continua à marcher de long en large. Il n'était pas convaincu et tenait à exprimer son sentiment :

– Madame, je vous concède que le personnage mérite notre attention, que ses arguments sont forts, et que les soutiens dont il bénéficie sont à considérer. Je voudrais simplement vous rappeler quelles sont ses exigences.

Tout d'abord il veut qu'on lui attribue le titre d'« amiral de la mer Océane ». Pure vanité ! Ensuite, et c'est plus grave, en cas de réussite, il veut être nommé gouverneur général des nouvelles terres, et, ce n'est pas tout, il veut percevoir, à titre personnel, la dixième partie de l'or, des perles et autres richesses ! Trouvez-vous, madame, que ces propositions soient désintéressées ? Et, le comble, il demande que tous ces privilèges – que pour ma part je trouve exorbitants – soient **héréditaires** !...

Héréditaires : qui se transmettent de père en fils.

Isabelle ne pouvait décider seule, et il fallait convenir que les remarques de son mari étaient fondées. À regret, elle laissa donc repartir Christophe Colomb.

D'humeur sombre mais espérant toujours, le Génois sella sa mule et prit la route de Cordoue. Il était décidé à aller lui-même en France !

Malgré ce nouveau refus des rois, Luis de Santangel sentait qu'il pouvait insister :

– Sire, vous avez tout à fait raison. Je sais que Vos Altesses ont consacré la plus grande partie de l'argent de la couronne à financer la guerre contre les Infidèles. Mais songez que l'expédition vers Cipango pourra se limiter à trois navires. Elle ne vous coûtera presque rien. Je m'occupe de son financement aidé par mon ami le banquier Berardi, avec la garantie de Vos Altesses, bien sûr. Si messire Colomb échoue, ce sera une perte minime ! Vous avez

tout à gagner ! Il serait fort dommage que cela profite à la couronne de France.

Isabelle sentait que la partie était presque gagnée, aussi ajouta-t-elle :

– Si c'est une question d'argent, je suis prête à donner mes bijoux **en gage** ! C'est le meilleur emploi que je puisse en faire.

En gage : en garantie.

Ferdinand, étonné, se tourna vers elle :

– Madame, je reconnais là les élans généreux de votre cœur quand il s'agit de la gloire de notre Sainte Église. Mais je suis sûr que ce sacrifice ne sera pas nécessaire.

Deza, rempli d'admiration et de respect devant le courage d'Isabelle, ajouta en s'adressant aux deux souverains :

– Grâce à votre bravoure et à votre obstination vous avez libéré le sol de l'Espagne. Toute la chrétienté a désormais les yeux tournés vers vous. Votre victoire doit être totale, dans tous les domaines !

Le roi se rassit et, regardant Isabelle :

– Qu'en pensez-vous, madame ? Il faudra donc nous résoudre à rappeler votre cher Colomb. Quant à sa folie des grandeurs, nous verrons plus tard...

La reine sourit à son époux, et fit appeler immédiatement un messager. Celui-ci sella son cheval et partit sans plus attendre. Il rejoignit Christophe à deux lieues de Grenade, sur le pont des Pins :

– Leurs Altesses, le roi d'Aragon et la reine de Castille, sont disposées à vous entendre à nouveau.

Colomb eut un moment de doute, mais il fut bientôt rassuré : il allait enfin pouvoir réaliser son rêve ! Arrivé au camp de Santa Fe, il obtint aussitôt une audience de la reine.

C'était le 19 avril 1492, devant Grenade. L'humble fils d'un tisserand génois devenait un noble castillan, le navigateur aventurier obtenait le titre d'amiral !

La fin de la Reconquête, en 1492, marque la victoire totale des souverains espagnols. En effet, le 2 janvier, le dernier royaume maure en Andalousie, Grenade, vient de tomber. Pour les Rois Catholiques, l'unité nationale passe par l'unité religieuse, ce qui les incite à expulser les Juifs et les Maures.

Dignitaires maures

Les Maures
Ils étaient installés en Espagne depuis le VIIIe siècle. Leur culture a laissé de nombreuses traces. Une longue Reconquête des territoires par les chrétiens s'achève à Grenade en 1492. En 1501, les musulmans sont invités à choisir entre la conversion et l'exil.

L'expulsion des Juifs
Déjà persécutés, de nombreux Juifs se convertissent au christianisme. Mais en 1492, les Rois Catholiques prennent une décision radicale : « Les Juifs qui acceptent de se convertir peuvent rester dans le royaume ; ceux qui refusent doivent partir et quitter le royaume dans les six mois et ne doivent plus y retourner sous peine de mort. »

Juifs espagnols

Les Rois Catholiques
Isabelle Ire, reine de Castille et Ferdinand V, roi d'Aragon, triomphent de leurs ennemis, et affirment la suprématie espagnole.

Ferdinand d'Aragon et Isabelle de Castille

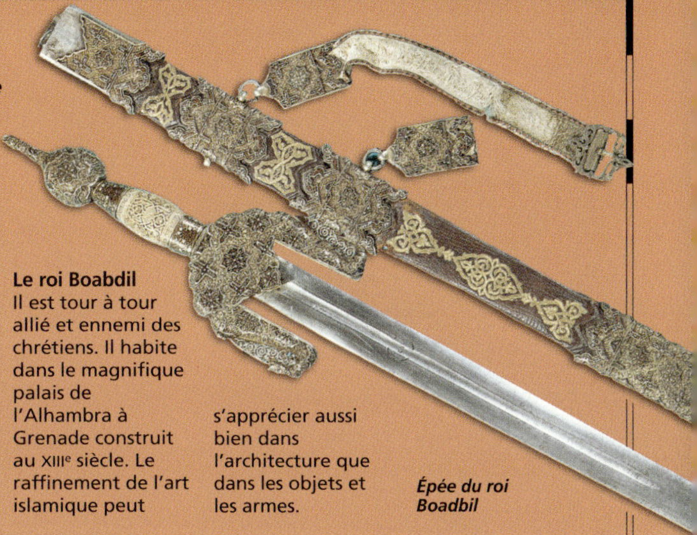

Le roi Boabdil
Il est tour à tour allié et ennemi des chrétiens. Il habite dans le magnifique palais de l'Alhambra à Grenade construit au XIIIe siècle. Le raffinement de l'art islamique peut s'apprécier aussi bien dans l'architecture que dans les objets et les armes.

Épée du roi Boadbil

> « Colomb était présent lors de cette journée mémorable. Le dernier royaume maure, celui de Grenade, venait de tomber. »

Un triomphe complet
Les Rois Catholiques soumettent les nobles et organisent l'Inquisition. Les Indes occidentales viendront agrandir considérablement leurs domaines.

La guerre de Grenade
Elle a duré plus de dix ans et a coûté beaucoup d'argent à la couronne d'Espagne.
Les combats furent acharnés. C'est le 2 janvier 1492 que le roi Boabdil remit **les clefs de la ville** aux Rois Catholiques.
Christophe Colomb était présent lors de cet événement historique.

Grenade 1492 : le roi des Maures remet les clefs de la ville.

Le grand départ

Le va-et-vient, l'**effervescence**, les commentaires à voix haute, le bruit des charrettes, les marchands ambulants, tout cela était inhabituel en ce début du mois d'août dans le petit port de Palos. Plusieurs dizaines de marins embarquaient des provisions à bord de trois navires qui tenaient difficilement le long du quai : des tonneaux remplis d'eau, de vin ou de vinaigre, des biscuits, du poisson salé, du riz, de la farine. À n'en pas douter le voyage serait long ! Mais si l'on demandait aux hommes d'équipage quelle était leur destination, bien peu étaient capables de répondre d'une manière précise.

Effervescence : mouvement, excitation.

Rodrigo, qui avait grandi à Triana, dans les faubourgs de Séville, monta à bord de la *Pinta*, le cœur léger : il n'avait rien à perdre en s'embarquant pour les lointains rivages de l'Asie ! Cependant, il confia à son ami Juan Niño qui était resté sur le quai :

– Peux-tu m'en dire davantage sur le capitaine, enfin sur l'amiral ? Je trouve que ce Génois prend de grands airs. Il est vrai qu'il est accompagné de personnages de la cour qui lui parlent avec respect. Tu sembles lui faire totalement confiance. Pourtant, cela fait six ans qu'il n'a pas navigué, et puis personne n'est allé à Cipango ou à Cathay par la route de l'ouest, tu le sais aussi bien que moi !

Juan Niño, propriétaire de la caravelle qui portait son nom, la *Niña*, esquissa un sourire.

– C'est vrai que c'est un voyage hasardeux, mais Alonso Pinzón m'a assuré que l'amiral savait très précisément où il allait. Il préfère pour l'instant garder le secret.

– Explique-toi davantage !

– Eh bien, voilà, je vais te le dire, mais promets-moi de le garder pour toi. L'amiral Colomb – oui, il veut qu'on l'appelle l'amiral – aurait appris de la bouche d'un marin de Huelva, alors qu'il vivait à Madère avec sa femme, qu'à une distance raisonnable vers l'ouest, il y a des îles merveilleuses. Ce marin, un certain Sanchez, avait été entraîné vers l'ouest par une tempête...

– Il y a beaucoup de Sanchez à Séville et j'imagine qu'à Huelva aussi. On peut le rencontrer ?

– Non, il est mort dans les bras du cap... pardon, de l'amiral. Et tous les membres de l'équipage du bateau sont morts, eux aussi, d'épuisement.

– Admettons... Mais, qu'est-ce que tu appelles « à distance raisonnable » ?

– D'après ce que j'ai cru comprendre, une vingtaine de jours de traversée, tout au plus.

À l'autre bout du quai, Martín Alonso Pinzón ne ménageait pas sa peine, ni sa salive. Monté sur un tonneau, il **haranguait** les marins :

– Venez avec nous, mes amis ! Vous n'aurez pas deux fois une occasion pareille. Il ne nous manque que douze marins, tentez votre chance ! Au bout du voyage, le paradis, des villes où les maisons ont des tuiles en or, des marchés où l'on trouve des merveilles, des vêtements de soie, toutes les épices de l'Orient ! Vous reviendrez riches et célèbres !

Rodrigo, qui entendait ce discours pour la dixième fois, était maintenant tout à fait rassuré :

– C'est vrai que messire Colomb est un marin expérimenté ! Il est allé dans les mers du **septentrion** et dans le golfe de Guinée...

– Et puis, surtout, il connaît parfaitement la cartographie portugaise et le **régime des vents**, précisa Juan Niño. Ajoute à cela un pilote comme Juan de la Cosa qui n'engage pas au hasard sa nef, la *Santa María*, et Martín Alonso et son frère Vicente Yáñez Pinzón ! Que veux-tu de plus ? Je me demande comment ces gueux peuvent encore hésiter entre la prison et la gloire.

– Pourquoi parles-tu de prison ?

– Tu ne sais pas que la moitié des hommes qui se sont engagés étaient à l'ombre il n'y a pas si longtemps ? On leur a proposé la liberté à une seule condition : qu'ils

Haranguer : faire un discours en public dans le dessein de convaincre.
Septentrion : le nord.
Régime des vents : direction habituelle des vents.

montent à bord ! C'est ainsi qu'ils ont obtenu leur pardon.

– Et tu crois que des voleurs ou des assassins feront de bons marins ?

– Pourquoi pas... En tout cas ils n'ont pas froid aux yeux, et ce qui est sûr c'est qu'ils feront de bons soldats !

À l'aube du vendredi 3 août de l'an de grâce 1492, ils étaient près de cent marins à s'éloigner des côtes andalouses à bord des caravelles la *Pinta* et la *Niña*, et de la nef, pompeusement parée du titre de navire amiral, la *Santa María*. En fait, il y avait quatre-vingt-dix hommes d'équipage et des proches de Christophe Colomb, auxquels il fallait ajouter des officiers de la Couronne. Parmi eux, Rodrigo de Escovedo, qui représentait la reine, faisait office de notaire ; Pedro Sanchez de Segovia était le **contrôleur** ; Diego de Arana, l'**alguazil** ; Pedro Gutiérrez était chargé d'écrire la chronique du voyage ; Luis Torres, l'interprète,

Contrôleur : officier royal chargé de vérifier les comptes et les marchandises.
Alguazil : homme armé chargé de la police.

parlait l'hébreu et l'arabe… La flottille de Colomb emportait également une trentaine de **juifs convertis** qui avaient sans doute trouvé là une bonne occasion de fuir l'Inquisition. Mais on aurait cherché en vain un homme d'Église.

Le jour se levait à peine et il n'y avait pas grand monde pour leur souhaiter bon vent ! Cap au sud, longeant les côtes d'Afrique, la flotte se dirigeait vers les îles Canaries, au nombre de sept, qui faisaient partie des conquêtes de la couronne de Castille.

Christophe Colomb savait qu'à cette latitude soufflaient les **vents alizés**, qui gonfleraient les voiles des navires vers l'ouest. Mais avant d'atteindre cette latitude, la navigation se révéla difficile : les vents étaient contraires et le gouvernail de la *Pinta* eut une **avarie** inexplicable. Il était pratiquement inutilisable. Pourtant, le bateau n'était pas

Juifs convertis : les Rois Catholiques avaient obligé les juifs à se convertir ou à quitter le territoire au début de 1492.

Vents alizés : vents qui soufflent d'est en ouest.

Avarie : dégât, dommage.

si vieux ! Était-ce un acte de malveillance ? Il est vrai que Colomb n'avait pas que des amis et sans doute faisait-il preuve d'une excessive assurance, que certains considéraient comme de l'arrogance. On était étonné de son ascension rapide et de sa réussite auprès des Grands et à la cour, l'Église se montrait réticente, et puis les Portugais n'auraient certainement pas aimé que Colomb réussît dans son entreprise. Il en fallait beaucoup moins pour créer des envieux !

La *Pinta* tint bon jusqu'à l'île de la Gomera. Le voyage était à peine commencé, mais cette escale fut la bienvenue car l'eau qui restait dans les tonneaux n'était guère buvable, et puis il fallait se préparer à affronter l'océan. Les voiles latines de la *Niña*, triangulaires, furent remplacées par des voiles carrées qui offriraient davantage de prise au vent.

Colomb s'attarda plus longtemps que prévu dans cette île… certains marins prétendaient qu'il était tombé quelque peu amoureux de la fille du gouverneur.

La véritable aventure commença en ce matin du 6 septembre lorsque les navires pénétrèrent dans la mer Océane, mystérieuse et redoutée. Les hommes d'équipage se montraient confiants. Pourtant certains ne cachaient pas leur inquiétude, aussi Colomb dut-il de nouveau promettre monts et merveilles.

Rodrigo était courageux, intrépide même, mais il ne pouvait s'empêcher de penser à tout ce que l'on racontait sur la mer ténébreuse, sur les monstres marins pour lesquels une caravelle n'était qu'un fétu de paille : poulpes géants, énormes cachalots, serpents de mer… et les tempêtes hurlantes, la foudre, les trombes qui unissaient le ciel et la mer et qui broyaient tout sur leur passage, et, pire encore, les ***bonanzas*** qui pouvaient paralyser les navires pendant des jours, voire des semaines… Il essayait, mais en vain, de chasser de son esprit ces pensées terrifiantes en se répétant que les marins exagéraient, que c'étaient des racontars de tavernes… À beau mentir qui vient de loin ! Mais il était vrai aussi que de nombreux navires n'étaient jamais revenus.

Bonanzas **:** mot espagnol, périodes de calme plat, sans le moindre souffle de vent.

Depuis deux jours, la mer était belle, les vents constants, les navires progressaient à bonne allure et aucun incident n'était venu troubler la routine de la vie à bord.

LES CARAVELLES sont les navires des grandes découvertes. Rapides et maniables, elles sont particulièrement adaptées aux longs voyages. Elles résistent aux fortes tempêtes et leur forme leur permet de se sortir facilement d'un échouage.

Sanlúcar de Barrameda

Les ports de départ
Au XVIe siècle, deux ports sur l'Atlantique voient partir les expéditions vers le Nouveau Monde : **Sanlúcar de Barrameda**, à l'embouchure du Guadalquivir, et Cadix. C'est à Cadix que se regroupe la flotte de dix-sept caravelles lors du deuxième voyage de Colomb qui emporte près de deux mille colons.

Les types de caravelles
Le navire représenté ici est une caravelle du XVIe siècle. Il existe, à l'époque, deux types de caravelles : la caravelle latine qui a des voiles triangulaires et la *caravela redonda* (caravelle ronde) qui possède trois mâts, dont deux pourvus de voiles carrées et le dernier, d'une voile latine.

Ville et port de Séville au XVIe siècle

Séville
Port d'une très grande importance, c'est là que se trouve le centre des affaires nautiques et commerciales vers le Nouveau Monde : *la Casa de la Contratación*. Les navires remontent le fleuve Guadalquivir et l'on entasse les richesses dans la Tour de l'Or. La population de la ville est de 300 000 habitants au XVIe siècle.

« Depuis deux jours, la mer était belle, les vents constants et les navires progressaient à bonne allure. »

Maquette de la Santa María

Les bateaux de Colomb
La ***Santa María*** est une nef (*nao*) de 233 tonneaux. Elle fait 39 m de long et a des voiles carrées. La *Pinta* est une caravelle plus rapide. Elle ne mesure que 17 m de long et a, elle aussi, des voiles carrées. La *Niña* fait 60 tonneaux. C'est à son bord que Colomb navigue au retour du premier voyage jusqu'à Lisbonne. Elle participera aux trois premiers voyages.

Sur la mer Océane

À la **poupe** de la *Santa María*, Christophe Colomb avait l'œil à tout. Il restait debout de longues heures sans se fatiguer. Depuis dix jours tout allait pour le mieux, mais il savait que cela ne pouvait durer. Il se montrait ferme, sévère même, envers ses hommes d'équipage. La discipline était nécessaire pour que l'expédition se poursuivît sans trop de difficultés.

Le soir, il s'enfermait dans sa cabine sur le **château arrière** où il écrivait son journal de bord. Il se doutait bien que le voyage pouvait être plus long que prévu et que ses hommes lui demanderaient des comptes, aussi s'employait-il à réduire volontairement les distances parcourues. Le nombre réel de **nœuds marins**, mesurés régulièrement avec des cordages, était consigné sur un autre registre.

Le 16 septembre la flotte dut naviguer sur une **mer couverte d'algues** qui ralentissait sa progression. Une sorte de tapis végétal vert brillant

Poupe : partie arrière d'un navire.
Château arrière : construction en bois à la poupe d'un navire où se trouvait la cabine du capitaine.
Nœud marin : unité de mesure des distances en mer.
Mer couverte d'algues : mer des Sargasses dans l'océan Atlantique, à l'est des Antilles.

encombrait la surface de l'océan. Les marins s'inquiétaient, complotaient à voix basse. Certains parlaient déjà de faire demi-tour.

Il n'était pas facile de maintenir l'ordre sur les navires : les hommes étaient entassés, ils dormaient mal sur des planches de bois, et des bagarres éclataient dans la chaleur et l'obscurité de l'entrepont.

Les matelots s'en prenaient souvent à maître Alonso, le médecin :

– Si ça continue, tu seras bien obligé de t'occuper de moi ! Mais il sera sans doute trop tard ! Je peux à peine marcher ! lança un gros homme qui avait toujours faim et soif, et qui parlait fort.

– Les rations sont très suffisantes, Martinez, et hier tu as bu plus de vin que les autres. Ne me dis pas que tu regrettes la nourriture de la prison !

– Parlons-en, on m'avait promis une vie de prince ! Ce vin est tellement fort et piqué que j'ai dû le recracher. J'ai bu un peu d'eau de mer, car celle des barils dégage une insupportable puanteur, et j'ai été malade toute la nuit !

– Combien de fois devrai-je te dire que l'eau de mer brûle l'intérieur du corps ?

Juan Martinez, andalou comme la plupart de ses compagnons, avait choisi les risques d'un voyage vers l'inconnu plutôt que de rester dans les sous-sols insalubres de la prison de Séville. Il appréciait sa chance, mais cela

n'empêchait pas qu'il aurait préféré un biscuit moisi à tous ces beaux discours. Il se remit à repriser la voile en haussant les épaules.

Des maladies commençaient à se déclarer. Ce que l'on redoutait encore plus que les fièvres qui faisaient délirer, c'était la **dysenterie** contre laquelle maître Diego, l'**apothicaire**, était impuissant. Tous pouvaient être frappés, même les marins les plus robustes. Il fallait s'en remettre à la **Providence** divine.

Dysenterie : maladie qui provoque des diarrhées.
Apothicaire : préparateur de médicaments, pharmacien.
Providence : loi divine.

À tour de rôle, les hommes devaient rester éveillés et occuper leur poste. Il y avait toujours autant de marins sur pied, de jour comme de nuit. Quand ils ne dormaient pas, ils jouaient clandestinement aux dés ou aux dominos.

– Alonso, ne te fâche pas ! Viens jouer dans l'entrepont ! Nous serons bientôt riches !

– Je préfère pêcher à la traîne, comme ça tu pourras manger du poisson frais, ça apaisera ta faim.

En ce 7 octobre, l'inquiétude faisait place à l'angoisse.

À combien de nœuds marins pouvaient bien se trouver les côtes de Cipango ? L'océan paraissait infini !

Colomb refaisait sans cesse ses calculs : ils étaient identiques à ceux fournis par le journal de bord de Sanchez de Huelva, le marin rencontré à Madère. Ils auraient donc dû avoir atteint depuis un jour ou deux les rivages de l'Asie orientale. Cependant, il gardait confiance : Dieu guidait son expédition ! Il lui fallait rester calme pour affronter avec détermination la grogne de l'équipage. La terre était proche, il en était convaincu.

Les frères Pinzón, eux, commençaient à en douter ainsi que Juan de la Cosa qui ne put s'empêcher de faire remarquer à l'amiral :

– Seigneur Colomb, voilà un mois entier que nous suivons le même cap à l'ouest. Il est clair que nous devons infléchir notre route vers le sud. Pinzón est de mon avis, et je crois, comme lui, que c'est dans cette direction que nous trouverons les mines d'or.

Colomb s'attendait à des reproches :

– Tu es un très bon pilote, mais j'ai mes raisons pour

continuer **à l'estime**. Les vents nous conduiront jusqu'aux terres du Grand Khan. Elles sont juste là-bas où le soleil se couche.

À l'estime : selon un calcul approximatif de la position et de la direction du navire, sans l'aide des instruments de navigation.

– Sans doute, mais vous avez vu, comme moi, ces vols d'oiseaux qui vont vers le sud. Je suis persuadé qu'ils nous indiquent la route à suivre…

Christophe pensa qu'il pouvait céder sur ce point :

– Tu dois avoir raison… Mets le cap au sud-ouest, quant à moi, je vais m'employer à rassurer l'équipage. Pinzón m'a conseillé d'employer la force, et de faire des exemples, mais je pense qu'au point où nous en sommes ce serait dangereux. Je ne demande que deux ou trois jours, c'est la marge d'erreur possible. C'est ce que je vais lui annoncer. D'ailleurs, il nous reste encore des vivres…

– Très peu. En tout cas, il est impossible de faire demi-tour, nous serions condamnés à mourir de faim.

– Qui te parle de retourner ! Cipango est là, tout près, je le sais.

Le temps était délicieux, le vent gonflait les voiles, et les marins semblaient s'être calmés. Mais pour combien de temps ?

Les indices de la proximité d'un rivage s'accumulaient et renforçaient la sérénité de l'amiral. Le nombre des oiseaux avait sensiblement augmenté. Ils devaient bien nicher quelque part ! Près de la coque des navires,

quelques roseaux et des petites branches se balançaient sur les vagues, sûrement arrachés par la mer à une terre toute proche.

Pour maintenir le moral de l'équipage, l'amiral avait promis une grosse récompense – dix mille **maravédis** – à qui verrait la terre le premier. Le 11 au soir, il crut voir une lumière à l'horizon et il prit à témoin l'équipage. Mais la lumière disparut. La nuit était assez claire et Rodrigo de Triana qui faisait office de vigie sur la *Pinta* assura qu'il avait aperçu au clair de lune une bande de sable au-dessus de la mer. Ce fut lui qui, vers deux heures du matin, poussa le cri tant attendu :

– Terre, terre !

Tout l'équipage réuni sur le pont chanta alors le **Salve Regina** pour remercier le Ciel. L'amiral de la mer Océane (qui réclamait pour lui-même la récompense !) avait recouvré tout son prestige.

Il avait fallu trente-six jours depuis les Canaries pour atteindre les îles que l'on imaginait alors avoir été décrites par Marco Polo !

Maravédi : ancienne unité monétaire espagnole.

Salve Regina : hymne à la Vierge Marie.

LA NAVIGATION, à la fin du XVe siècle, se développe au-delà de la Méditerranée. Les bateaux doivent se diriger selon la hauteur du soleil au-dessus de l'horizon, et la nuit selon l'étoile polaire. Un bon pilote possède une connaissance précise des vents et des courants.

Astrolabe

Le journal de bord
Colomb est confiant en ses calculs et en son étoile. Dans son journal de bord, il écrit : « J'ai décidé de noter tous les événements de chaque journée, avec tous les détails de ce que je fais, de ce que je vois et de ce que je vis au cours de ce voyage... Avant tout, je dois dormir le moins possible, car il me faut veiller à bien suivre ma route. »

Des astronomes

Les astronomes
À l'époque de Colomb, la connaissance du ciel et des mouvements des astres relèvent davantage de l'astrologie (art de divination d'après les étoiles) que de l'astronomie (étude scientifique des astres). À la fin du XVe siècle, il n'existait aucun traité de navigation.

Les instruments de navigation
Christophe Colomb n'a qu'un nombre réduit d'instruments de navigation. Il possède sans aucun doute un compas, une boussole, un **astrolabe**, et il sait mesurer la position du soleil et des étoiles.

“À la poupe de la *Santa María*, Christophe Colomb avait l’œil à tout.”

Départ de Colomb vers l’inconnu

Vicente Yáñez Pinzón

Les portraits de Colomb
Réalisés après sa mort, ils sont tous différents ! Celui de **Ghirlandaio** semble assez proche de la description donnée par le fils même de Colomb : teint un peu rougeaud, nez aquilin et cheveux blancs.

Christophe Colomb peint par Ghirlandaio

Les frères Pinzón
Ils ont un rôle très important dans les voyages de découverte. Martín Alonso Pinzón commande la *Pinta* lors de la première traversée. Il devance les autres bâtiments et se sépare même de Colomb pendant six semaines.
Il essaye d’arriver le premier au retour pour tirer les bénéfices du voyage. Son frère **Vicente Yáñez Pinzón** commande la *Niña*. Plus tard, en 1500, il franchit l’Équateur et découvre l’embouchure de l’Amazone et les côtes du Brésil.
Il descendra encore plus au sud jusqu’au Río de la Plata (estuaire des fleuves Paraná et Uruguay).

Un goût de paradis

Le jour se levait à peine. Les navires étaient **à l'ancre**. Christophe Colomb monta dans une **chaloupe** avec les frères Pinzón. Arrivés sur la plage de sable blanc, ils déployèrent la **bannière** royale. L'amiral, visiblement ému, s'adressa aux officiers Rodrigo de Escovedo et Rodrigo Sanchez de Segovia :

– Vous êtes témoins que je prends possession de cette terre au nom de Leurs Altesses royales !

À l'ancre : immobilisé.
Chaloupe : canot.
Bannière : drapeau personnel d'un roi ou d'un noble.

D'autres barques s'approchaient chargées de marins impatients de fouler cette terre tant désirée. Elles furent très vite entourées de nageurs joyeux à la peau cuivrée qui se jetaient à l'eau après avoir pris leur élan sur la plage de sable. Tous ces hommes étaient jeunes et totalement nus, comme au jour de leur naissance, ce qui ne les gênait nullement. Ils proposaient aux nouveaux arrivants des pelotes de coton et des perroquets en signe de bienvenue.

– Je me demande si les femmes manquent elles aussi de vêtements, demanda avec un gros rire Juan Martinez qui ne se plaignait plus de rien. Il fait aussi chaud ici qu'à

Almería : port d'Andalousie sur la Méditerranée.

Almería, et en plus il y a des arbres plus verts que dans la plaine de Grenade, et ces oiseaux…

Christophe Colomb, pour sa part, distribuait des colliers de perles de verre et des grelots qu'il échangeait sans difficulté contre des ornements de nez qui avaient toute l'apparence de l'or. Étonné par la gentillesse et la vivacité des habitants de cette île, il confia à Vicente Yáñez Pinzón :

– Je crois qu'il sera aisé d'en faire de bons chrétiens, et il sera tout aussi facile de les utiliser comme esclaves.

Pinzón fit un signe d'approbation, mais ne put s'empêcher de remarquer :

– Ils sont beaux, jeunes, vifs, comme échappés du Paradis terrestre. Je ne voyais pas ainsi les sujets du Grand Khan.

Colomb ne répondit pas. Ébloui par l'éclat de ce nou-

veau paysage, il ne perdait pourtant pas de vue sa mission :

– Cette île restera dans notre mémoire sous le nom de San Salvador, en l'honneur de notre Sauveur Jésus-Christ.

– Qui sont ces gens, quelle langue parlent-ils ? hasarda Rodrigo de Escovedo.

– Luis, toi qui parles toutes les langues de la **tour de Babel**, demande-leur quel est leur roi et s'ils adorent quelque divinité.

Tour de Babel : d'après la Bible, tour de Babylone où Dieu introduisit la diversité des langues.

Le jeune interprète considéra ces hommes qui avaient le corps et le visage ornés de peintures, des cheveux noirs leur recouvrant le front, et il ne sut à qui s'adresser. L'un d'entre eux lui sembla plus souriant et, puisqu'il fallait bien choisir, il se dirigea vers lui :

– Qui êtes-vous ? Comment vous appelez-vous ? Quel est le roi de cette terre ?

Luis Torres avait posé ses questions en hébreu, puis en arabe. Il essaya bien sûr le latin et le **chaldéen** et obtint pour toute réponse un sourire plus prononcé, de vagues gestes de la main, et quelques paroles qu'il ne comprit absolument pas. Il se risqua quand même à donner une interprétation :

– D'après leurs gestes et leur expression émerveillée, je crois qu'ils nous prennent pour des envoyés du Ciel.

Colomb eut un sourire de satisfaction. Ces hommes à l'état sauvage, au large front, aux yeux intelligents, tous jeunes et bien faits, devraient accepter sans la moindre résistance la parole divine. Sa mission était en bonne voie !

Deux jours s'étaient écoulés. Les marins trouvaient le séjour délicieux. Ils se prélassaient dans des hamacs, et l'accueil était si chaleureux : le **cacique** du village leur offrait des fruits, des poissons grillés, et même des femmes ! Tous avaient oublié les heures d'angoisse de la traversée. Ils découvraient peu à peu que l'île, arrosée par de claires rivières, était couverte d'une végétation luxuriante. Des perroquets aux plumes multicolores volaient d'arbre en arbre, l'air était chargé d'**effluves** parfumés. L'amiral de la mer Océane, de nouveau respecté

Chaldéen : langue de Mésopotamie.
Cacique : mot espagnol désignant un notable local ; ici un roi ou un chef de guerre indien d'Amérique.
Effluves : bouffées d'odeurs de toutes sortes.

et admiré de tous, voulait continuer le voyage d'exploration. Il était persuadé qu'il y avait d'autres îles plus au sud, où, croyait-il, l'or était abondant. Il pensait que là-bas existaient sûrement des peuples plus puissants et plus riches. Il s'adressa à son ami Diego de Arana :

– Il nous faut des guides pour continuer. Tu devrais m'en choisir six ou sept et les faire monter à bord. Donne-leur à chacun un collier de perles de verre !

Diego tarda à revenir. Enfin, il apparut, mais tout seul :

– Amiral, ces sauvages refusent de quitter leur île. Ceux que j'ai essayé d'entraîner vers les navires se sont enfuis en courant. Et pour les rattraper...

Colomb ne cacha pas son irritation :

– Au nom du Ciel ! Emmène-les de force ! Fais-leur comprendre qu'ils reviendront bientôt... Je compte sur toi. Et avant le coucher du soleil ! Nous avons besoin d'eux !

– Je vais m'y employer, répondit Arana, mais je crois qu'ils ont surtout peur d'un autre peuple qu'ils appellent « Caraïbes », et qui vient parfois les attaquer ou les enlever...

– Je sais, répondit Colomb, certains m'ont montré des cicatrices qui témoignent de féroces combats. À propos, n'y va pas trop fort... Je tiens à leur amitié !

– Bien sûr, je ne leur ferai aucun mal, répondit Arana, d'ailleurs ils sont pratiquement sans armes ! Ils ne connaissent pas les métaux. L'un d'eux s'est blessé profondément à la main en saisissant mon épée par la lame.

Les navires s'éloignèrent de ce coin de paradis avec sept passagers supplémentaires à leur bord. Encore apeurés, ces nouveaux guides firent comprendre à l'amiral que les îles étaient innombrables. Ils avaient coutume d'aller de l'une à l'autre dans de longues embarcations qu'ils appelaient ***canoas***.

***Canoas* :** embarcations creusées dans des troncs d'arbres. Mot indien qui a donné « canot ».

Au matin du 6 octobre, les Espagnols débarquèrent dans une île plus grande que la première, et la cérémonie se répéta :

– Je prends possession de cette terre au nom de Leurs Altesses royales. Je la baptise Sainte-Marie-de-la-Conception.

Les habitants portaient des ornements de nez et des bracelets. Colomb fut un peu déçu, il s'attendait à davantage. Ces hommes nus avaient l'air accueillant, mais ils étaient bien pauvres ! Aussi décida-t-il de rembarquer.

Alors qu'une autre terre qui semblait plus vaste était toute proche, l'un des guides plongea brusquement et s'enfuit à la nage. Lorsqu'ils parvinrent sur la plage, les Espagnols qui s'étaient lancés en vain à sa poursuite capturèrent un autre sauvage, et l'obligèrent à monter sur le pont de la *Niña*. Il tremblait de peur et tendait timidement des pelotes de coton en offrande.

– Je suis d'avis qu'il nous faut éviter toute brutalité avec ces innocents, dit l'amiral en s'adressant à l'équipage.

Il coiffa le jeune homme d'un bonnet rouge, lui passa plusieurs colliers de perles de verre autour du cou, puis le fit raccompagner auprès des siens à bord d'une chaloupe :

– Il va dire partout son admiration et sa reconnaissance pour les hommes qui viennent du Ciel. Ainsi leurs richesses nous seront plus accessibles. Cette île nouvelle s'appellera Fernandina, en l'honneur de notre souverain, ajouta Colomb.

La nature y semblait encore plus variée et plus généreuse.

– Je ne connais aucun de ces arbres, balbutia Martinez qui avait toujours vécu dans la campagne andalouse, et ces fleurs, ces fruits… tout est à portée de main. Pas la peine de travailler ! C'est drôle, il n'y a pas beaucoup d'animaux.

L'île suivante fut baptisée Isabelle, une autre, Juana. Partout, l'air était doux et parfumé. Colomb, émerveillé, ne put s'empêcher de déclarer :

– C'est le plus beau pays que des yeux humains aient jamais contemplé… On pourrait vivre ici éternellement !

Luis Torres interrompit sa contemplation :

– Avez-vous remarqué, amiral, que plusieurs d'entre ces **indigènes** mettent à la bouche des rouleaux de feuilles enflammées dont ils aspirent la fumée.

Indigènes : habitants originaires d'un territoire.

Ils appellent cette herbe « tabac ». Ils disent que lorsqu'on a essayé une fois, on ne peut plus s'en passer !

– Tu as fait des progrès, Luis, tu les comprends de mieux en mieux ! dit Colomb en riant.

Luis Torres ajouta :

– Ils m'ont indiqué une autre île que certains appellent Haïti, d'autres Quisqueya...

Colomb en conclut aussitôt que Quisqueya devait être la fameuse cité de Quinsaï sur les côtes de Cathay que Marco Polo avait décrite avec tant d'enthousiasme.

Plage à Haïti

<u>La nature des tropiques</u> exerce une agréable fascination sur les marins de Colomb, et sur l'amiral lui-même, car tous sont originaires de pays méditerranéens et découvrent de nouveaux paysages. Colomb ne cesse de s'émerveiller en contemplant la luxuriance de la végétation, l'abondance de l'eau, la variété des fruits, en écoutant le chant des oiseaux, en respirant les effluves parfumés. Ils viennent de découvrir la douceur de vivre !

Les lamantins
Ces vaches marines (manatis en langue arawak) sont des mammifères de grande dimension qui vivent près des embouchures des fleuves et se nourrissent de plantes aquatiques. Ces animaux pacifiques sont sans doute à l'origine du mythe des sirènes.

Palmier royal de Cuba

« C'est le plus beau pays que des yeux humains aient jamais contemplé... »

Lamantin

Les palmiers
Présents sur tous les tableaux et sur toutes les gravures européennes figurant le Nouveau Monde, ils sont le signe de l'exotisme.

La carte de Colomb
Cette carte où sont dessinées avec une grande précision les côtes nord de l'île Espagnole (Haïti-Saint-Domingue) est de la main de Christophe Colomb lui-même. On peut y voir la situation du fort de la Nativité.

La diversité des paysages

Dans l'archipel des Bahamas et dans celui des Antilles, les paysages sont très variés : plages de sable coralien bordées de cocotiers, régions montagneuses et boisées, grandes plaines… Cette diversité est surtout visible dans les grandes îles de Cuba, de Haïti-Saint-Domingue, de Porto-Rico ou de la Jamaïque.

Les oiseaux

Le nombre et la variété des oiseaux, la couleur éclatante de leur plumage, leurs chants enchantent les Européens. Colomb accumule les **perroquets** sur ses navires, Vespucci remarque que leur nombre est tel que le ciel en est parfois obscurci.

Forêt humide en Haïti

Amazone d'Hispaniola rare aujourd'hui en Haïti

L'île Espagnole

La *Santa María* et la *Niña* **dérivaient** doucement en attendant l'endroit propice pour jeter l'ancre, à quelques encablures de la côte de la fameuse Quisqueya. Quelques jours auparavant, Colomb avait fait planter une grande croix à l'**embouchure** d'une rivière de cette île qu'il avait appelée Espagnole.

Dériver : se dit d'un navire qui dévie de sa route au gré du vent ou du courant.
Embouchure : endroit où un fleuve se jette dans la mer.

– Je trouve les hommes et les femmes encore plus beaux que ceux des autres îles ! s'enthousiasma Martinez.

– Et tu t'y connais ! fit remarquer Luis, le plus sérieusement du monde. Malgré tout, je crains que l'amiral ne soit encore déçu. À la façon dont ils sont vêtus, on voit que ce ne sont pas des sujets du Grand Khan.

À bord de la *Santa María,* Colomb semblait fatigué et soucieux en cette nuit de Noël. Il était encore sous le coup de la colère que lui avait causée la disparition volontaire de Martín Alonso Pinzón, à bord de la *Pinta* qu'il commandait, pendant la nuit du 20 au 21 novembre.

– Je sais qu'il ne me supporte pas, avait-il alors confié à Juan de la Cosa. Il veut récolter pour lui seul les fruits de ce voyage, aussi a-t-il profité de la vitesse et de la maniabilité de la *Pinta* pour nous fausser compagnie.

– C'est vrai qu'il aime l'or. Et puis, il a du mal à recevoir des ordres, lui qui en a toujours donné. Mais je ne crois pas à sa trahison, avait répondu Juan de la Cosa.

La *Niña* était en vue du village où Colomb devait rencontrer le grand cacique Guacanaguari. Mais le vent était faible, à peine un souffle, et la *Santa María* se traînait derrière. Il était onze heures du soir. Colomb décida d'aller dormir un peu et confia la barre à un marin. Celui-ci, tout aussi fatigué, ne tarda pas à s'adresser à un mousse :

– Tiens bien la barre, Andresito, mais réveille-moi si le temps change !

Le jeune garçon était aux anges. Pour la première fois, il avait la place du **timonier** !

Timonier : marin qui tient le gouvernail du navire.

La terre était proche. Il n'y avait pas de vent mais petit à petit les courants entraînèrent la *Santa María*. À minuit, un choc épouvantable réveilla tout l'équipage. La nef amirale venait de s'échouer.

Premier sur le pont, Colomb comprit très vite la situation :

– Faites des signaux à la *Niña* ! ordonna-t-il sans perdre son sang-froid, il faudra tout débarquer !

– Le bateau va couler ? demanda Andresito d'une voix angoissée.

– Le Ciel l'a voulu ! Tu n'y es pour rien. C'est la douzième heure de la nuit de la Nativité. C'est un signe, il faut nous arrêter.

Colomb savait s'adapter aux circonstances. Malgré la disparition de Martín Alonso Pinzón à bord de la *Pinta,* et la perte inévitable de la *Santa María,* il croyait toujours en sa bonne étoile.

Quelques heures plus tard, les hommes de Guacanaguari arrivèrent sur leurs grands canots et aidèrent efficacement les Espagnols à transporter le contenu du navire.

Deux jours après le naufrage, la *Pinta* apparut à l'horizon. Colomb envoya un canot pour demander à Pinzón de se joindre à lui. Il n'avait donc pas déserté ! Dans la lettre qu'il lui fit transmettre, Colomb ne laissa rien paraître de son irritation. Il lui fallait ménager Pinzón, car sa caravelle était capable de parvenir avant la *Niña* sur les côtes d'Espagne. Et il était temps de rentrer !

Colomb, se rendant compte qu'un seul navire ne suffirait pas à ramener tous les membres de l'expédition, décida qu'un tiers d'entre eux devaient rester sur place. Il savait qu'il y aurait plus de volontaires que d'élus.

– Avec les débris de la *Santa María,* nous construirons un fort qui marquera notre présence et la domination de l'Espagne dans la mer des Indes, décida-t-il.

Bombarde : machine de guerre capable de lancer des boulets.
Couleuvrine : canon transportable.

Le fort, entouré d'un fossé, fut terminé en dix jours. On y accumula les provisions de la Santa María. Défendue par des **bombardes** et des **couleuvrines**, cette construction de bois assez fragile allait rester sous la protection de Guacanaguari qui se réjouissait de pouvoir ainsi résister aux incursions des terribles Caraïbes, mangeurs d'hommes.

– Ce fort que nous avons construit avec l'aide des sujets de notre allié Guacanaguari, sera celui de la Nativité, pour commémorer l'anniversaire de la naissance de Notre Seigneur qui sauva nos vies en cette sainte nuit, déclara Colomb.

Puis il dressa une liste de trente-neuf marins qui resteraient dans l'île en attendant le retour des caravelles, car, il en était sûr, il allait revenir ! Avant de partir, il s'adressa à tous :

– Je vous recommande de traiter les gens de l'île Espagnole avec douceur, comme nous l'avons toujours fait jusqu'à présent. Essayez de trouver les mines d'or, et pour cela faites-vous aider par les hommes de Guacanaguari. Je laisse le commandement à Diego de Arana qui sera secondé par Rodrigo de Escovedo et par Pedro Gutiérrez. Toi, mon savant Luis Torres, essaie d'apprendre la langue de ce peuple, nous en aurons besoin !

Vous aurez avec vous deux hommes versés en médecine, Juan et Alonso, mais vous ne risquez rien, car il semble qu'ici on ignore la maladie.

Se tournant vers Pedro Gutiérrez, le chroniqueur officiel de l'expédition, il ajouta :

– Tu auras le temps de recopier tes notes ! Sois précis, et n'omets aucun détail. On parlera pendant longtemps de notre aventure.

La veille du départ de la *Niña*, Guacanaguari fit une fête en l'honneur de tous les Espagnols. Colomb en profita pour l'impressionner en faisant donner du canon contre l'épave de la *Santa María*. Les Caraïbes n'avaient qu'à bien se tenir !

On n'oublia pas d'embarquer sur la *Niña* plusieurs Taïnos – c'est ainsi que s'appelaient les hommes et les femmes de ces îles – afin de les montrer en Espagne. Plus tard, ils pourraient servir d'interprètes.

La *Niña* leva l'ancre le 4 janvier 1493. À son bord, il y avait un équipage d'une trentaine d'hommes, les Taïnos, au nombre de sept, Vicente Yáñez Pinzón, Juan de la Cosa et Christophe Colomb.

Le 6 janvier, la caravelle fut rejointe par la *Pinta*. La rencontre entre leurs deux capitaines fut tendue : Christophe Colomb ne croyait guère aux explications embarrassées que lui donna Martín Alonso Pinzón, évoquant les vents

contraires et les courants imprévisibles. Il ajouta à cela quelques vagues excuses que Colomb accepta.

Longeant la côte de l'île vers l'ouest, les Espagnols rencontrèrent des sauvages à l'aspect féroce, armés d'arcs impressionnants et de **sagaies** redoutables. Pourtant, le contact ne fut pas hostile. L'un d'eux leur fit comprendre qu'il y avait une île toute proche, **Matinino**, peuplée uniquement de femmes.

– C'est donc là l'île des **Amazones**, pensa aussitôt Colomb, celle dont parle Marco Polo... Il faut que j'en capture quelques-unes !

Mais il ne fit pas le détour, car il savait qu'il avait tout intérêt à mettre le cap vers l'Espagne le plus vite possible.

Le 14 février, la mer était très agitée, et bientôt se leva une formidable tempête. Au milieu des rafales de pluie et de vent, essayant de se faire entendre malgré le tonnerre, le pilote cria à l'amiral :

– Le navire ne tiendra pas au vent... Il faut **affaler** les voiles !

– Inutile de lutter, laissons-nous porter par les flots.

La *Pinta* fit de même et, emportée par un océan en furie, elle disparut pour la seconde fois dans les ténèbres de la nuit.

Le jour suivant, la colère du Ciel sembla se déchaîner encore plus violemment. Se recommandant à la clémence de la Vierge, les marins

Sagaie : lance à large pointe.
Matinino : île de la Martinique.
Amazones : femmes guerrières légendaires.
Affaler : faire descendre.

firent vœu de pèlerinage s'ils survivaient à cette épreuve. Colomb s'adressa tout particulièrement à la Vierge de Guadalupe. Redoutant un naufrage, il écrivit tant bien que mal sur un parchemin un résumé de son voyage et de ses découvertes. Il l'enveloppa de toile imperméable puis l'enduisit de cire et le plaça dans un baril qu'il jeta à la mer. Peut-être que quelqu'un le trouverait, poussé par les vagues, sur une plage d'Europe...

À l'aube, une terre était en vue, mais la *Niña* ne put s'en approcher pendant deux jours, tant la mer était forte. Colomb se rendit compte qu'il s'agissait de Santa Maria, la plus **méridionale** des îles de l'archipel des **Açores**, car il avait déjà navigué dans ces parages.

Ils arrivaient donc en territoire portugais...

Faire vœu : promettre de réaliser une pénitence en remerciement d'une grâce obtenue.
Méridionale : au sud.
Açores : archipel de l'océan Atlantique qui se trouve à 1 300 km des côtes du Portugal.

<u>Les Taïnos</u> **peuplent les îles des Antilles (Bahamas, Cuba, Haïti Jamaïque). Colomb, lors de son premier voyage, rencontre un groupe pacifique, vivant à « l'état de nature ». Chez eux, il n'y a pas de classes sociales. Les caciques ont le monopole de la religion qui accorde une place prépondérante au soleil et à la lune. Les Taïnos croient à l'immortalité de l'âme.**

L'Ancien et le Nouveau Monde
Cette gravure (1560) montre la rencontre d'un navigateur européen revêtu d'une cuirasse avec une robuste Amazone, nue, assise dans son hamac, symbolisant l'Amérique. Le navigateur porte un astrolabe, au large les navires sont à l'ancre. Il s'appuie sur une bannière ornée de la croix chrétienne. L'artiste a aussi représenté les animaux étranges des Amériques.

Christophe Colomb (ou Amerigo Vespucci) débarque en Amérique.

Cuisson du poisson sur des claies

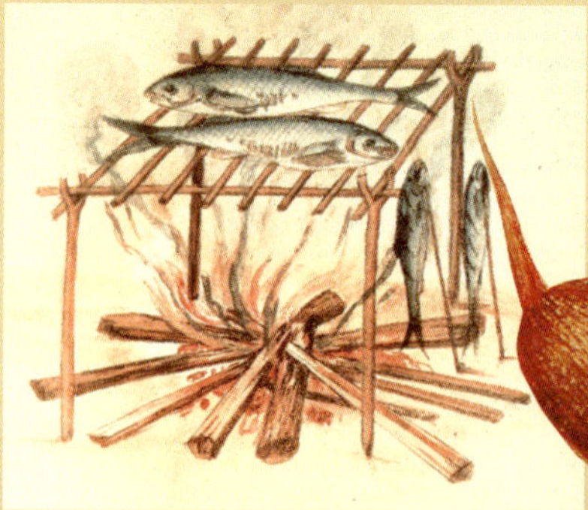

Le mode de vie des Indiens
Certains Taïnos se consacrent à l'agriculture, d'autres, nomades, vivent de la cueillette, de la chasse, et de la pêche (à la lance ou au filet).
La production agricole est communautaire chez les Taïnos et chez les Caraïbes. Les Indiens cultivent le maïs, nourriture de base de presque tout le continent américain, et la yuca dont ils font le pain kassave. Ils utilisent aussi les **racines du manioc**.

L'artisanat taïno
Varié et très original, il est constitué d'objets en pierre de forme triangulaire, qui restent mystérieux, de récipients en céramique (vases ou écuelles en forme de nefs, ornés de dessins géométriques incisés). D'autres **objets en bois** finement sculptés représentant des personnages ou des animaux sont aussi de remarquables vestiges de la culture taïno.

Manioc avec ses racines

« Je vous recommande de traiter les gens de l'île Espagnole avec douceur. »

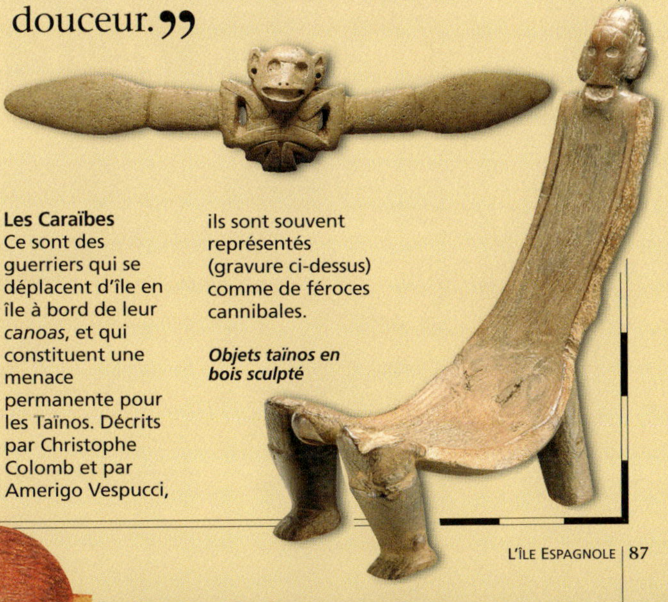

Les Caraïbes
Ce sont des guerriers qui se déplacent d'île en île à bord de leur *canoas*, et qui constituent une menace permanente pour les Taïnos. Décrits par Christophe Colomb et par Amerigo Vespucci, ils sont souvent représentés (gravure ci-dessus) comme de féroces cannibales.

Objets taïnos en bois sculpté

Le partage du monde

Colomb se doutait qu'il serait mal reçu par les Portugais ! Les marins de la *Niña* allèrent en pèlerinage pour remercier la Vierge de les avoir sauvés du naufrage. Au retour, ils furent fait prisonniers. L'amiral calcula les risques et décida de s'opposer avec hauteur au gouverneur des Açores :

– Voici mes titres de gouverneur des îles de la mer des Indes signés de Leurs Altesses royales Ferdinand d'Aragon et Isabelle de Castille. Je crains que vous n'ayez à vous repentir de votre attitude. J'exige la libération immédiate de mes hommes !

Le gouverneur céda, et la *Niña* put repartir. Il ne fallait pas perdre de temps ! Mais l'océan était toujours aussi furieux et le navire était difficile à manœuvrer. Le 4 mars 1493, la caravelle arriva en vue de l'embouchure du **Tage**, au Portugal.

– Juan, ce port je ne le connais que trop, dit Christophe Colomb en s'adressant à Juan de la

Le Tage : grand fleuve qui naît en Espagne et se jette dans l'Atlantique au Portugal.

Cosa. J'aurais préféré m'abriter ailleurs qu'à Lisbonne ! Mais, avec cette tempête, nous n'avons pas le choix. Je vais envoyer une lettre au roi du Portugal. C'est un homme intelligent.

Dans le port, un bateau de guerre l'accosta. Le grand navigateur Bartolomeu Dias l'invita à se rendre à son bord.

– Je suis amiral de la mer Océane, envoyé des rois d'Espagne, et je ne reçois pas d'ordres. Si j'ai des comptes à rendre, ce sera au roi Jean, et à lui seul.

Une fois de plus, la personnalité de Colomb s'imposait et, comme il l'avait demandé, le roi accepta de le recevoir avec les égards dus à un grand personnage.

Cependant Colomb conservait de puissants ennemis à la cour. Les conseillers du souverain complotaient contre le navigateur. **Mortifiés** de s'être trompés, et pour effacer leur humiliation, ils firent cette proposition qui fut aussitôt rejetée :

Mortifié : vexé et plein de rancune.

– Sire, on pourrait défier ce prétentieux en duel. Les raisons ne manquent pas ! Nous nous débarrasserions ainsi de lui une bonne fois pour toutes.

D'autres suggestions retinrent davantage l'attention du souverain :

– Que Votre Majesté considère que les terres découvertes par le Génois sont finalement assez proches des Açores. Elles vous appartiennent donc ! Il serait souhaitable d'organiser immédiatement une expédition militaire pour s'assurer de leur domination.

Au cours de son entretien avec l'amiral de la mer Océane, Jean II, toujours amical, entendait défendre les intérêts de son royaume :

– Ces îles nouvelles que vous avez découvertes, nous les cherchions depuis longtemps. Elles appartiennent donc au Portugal, en vertu d'un traité signé avec les rois d'Espagne en 1479.

– Sire, ces problèmes me dépassent, je peux simplement vous assurer que je ne suis pas allé dans le golfe de Guinée, et que je n'ai abordé à aucun territoire vous appartenant.

Colomb s'embarqua en direction de Séville le 13 mars.

Martín Alonso Pinzón, quant à lui, avait essuyé une forte tempête qui l'avait jeté sur les côtes de **Galice**. Il s'empressa de prévenir Ferdinand et Isabelle de la réussite de son expédition et mit aussitôt le cap au sud, pour atteindre Palos au plus vite. Mais, à son arrivée, il eut la mauvaise surprise de voir que Colomb l'avait précédé de quelques heures ! Il mourut quelques jours après, terrassé par une étrange maladie, inconnue en Europe.

Galice : province au nord-ouest de l'Espagne et au nord du Portugal, bordant l'Atlantique.

Reçu avec enthousiasme à Palos, puis à Séville, Colomb était accompagné de sept Indiens : c'est ainsi désormais qu'on se mit à appeler les habitants des îles nouvellement découvertes.

En tête du cortège, un couple de Taïnos échangeaient leurs impressions :

– Que ces gens sont bizarres ! Pourquoi cachent-ils leur corps ? Ils n'arrêtent pas de me toucher, de me regarder en riant, et ils parlent, ils parlent…, dit Guacari à sa compagne Anoa. J'ai du mal à supporter tout ce bruit. Et cette nourriture qui sent si mauvais !

Elle lui répondit avec une certaine tristesse :

– Ils m'ont dit qu'il fallait toujours sourire. Dis-moi, sais-tu ce que nous allons devenir ? Tu crois que leur

cacique nous ramènera à Cuba comme il nous l'a promis ?

Guacari, n'ayant plus guère d'espoir, haussa les épaules.

– Tout le monde parle d'aller plus loin voir d'autres grands caciques... Je me sens très fatigué. Je n'ai même pas envie d'aller à la chasse. D'ailleurs, ici, c'est impossible...

Anoa et Guacari moururent à Palos, presque en même temps que Martín Alonso Pinzón, d'un mal inconnu, dont aucun Taïno n'avait été frappé avant eux.

Christophe Colomb avait écrit au roi et à la reine qui se

trouvaient alors à Barcelone pour leur annoncer le succès de son entreprise. Il obtint rapidement des réponses. Les lettres commençaient ainsi :

« À Don Cristóbal Colón, notre Amiral de la Mer Océane, Vice-Roi et Gouverneur des îles découvertes aux Indes... »

Ses mérites étaient enfin reconnus !

Il traversa l'Espagne vers le nord, acclamé dans toutes les villes, jusqu'à Barcelone où son entrée fut un véritable triomphe. Colomb organisa lui-même le défilé :

– En tête du cortège, je veux mes cinq Taïnos. Qu'ils se peignent le corps et portent leurs grandes plumes et leurs bijoux en or. Je veux que l'on montre tous les perroquets qui ont survécu. Je fermerai la marche à cheval.

Il fut reçu en grande pompe par les souverains accompagnés de l'infant don Juan. Pour remercier Dieu d'avoir accordé à l'Espagne de nouveaux territoires à conquérir et à évangéliser, on entonna un **Te Deum**, et l'on baptisa les Indiens. Il fallait proclamer haut et fort les droits de l'Espagne sur cette partie du monde !

– Altesses, je suis prêt à repartir pour les Indes, avec tous les navires et les hommes qu'il vous plaira de me confier !

Te Deum : hymne à la gloire de Dieu.
Affable : accueillant, aimable.

Le roi Ferdinand se montra **affable** et promit à Colomb de tout mettre en œuvre afin d'organiser une grande expédition. Pour annoncer cette grande victoire de la

chrétienté, et pour affirmer ses droits, il fit aussitôt envoyer des ambassadeurs à Rome auprès du pape. Alexandre VI Borgia était originaire de **Valence**, et Ferdinand savait qu'il pouvait compter sur son appui face aux prétentions portugaises. En effet, le pape fit parvenir ce message :

« Par vos guerres victorieuses contre les Infidèles, enfin chassés de la terre chrétienne, je vous accorde la possession des terres lointaines peuplées de païens en attente de la parole de Dieu que je vous charge de leur apporter. Vous méritez la gratitude de toute la chrétienté et je vous confère le nom de Rois Catholiques. »

Étant donné la rivalité de plus en plus vive entre la Castille et le Portugal, les bonnes paroles ne suffisaient pas, aussi Ferdinand pressa Alexandre VI de rédiger un texte officiel.

Par la **bulle** du 2 mai 1493, Alexandre Borgia définit une ligne de partage qui allait du pôle Nord au pôle Sud et qui passait à cent lieues à l'ouest des Açores. À l'ouest de cette ligne imaginaire, les terres découvertes et à découvrir appartenaient à l'Espagne, à l'est, elles étaient portugaises.

Valence : ville importante d'Espagne sur les bords de la Méditerranée.
Bulle : lettre du pape.
Ambassade : mission envoyée auprès d'un roi.

Jean II et Ferdinand d'Aragon multiplièrent les **ambassades**, envoyèrent des espions. Chacun préparait une expédition vers l'ouest, chacun essayait de gagner du temps.

L'évêque de Séville, Juan de Fonseca, qui avait les

faveurs des Rois Catholiques, fut chargé d'organiser l'**armada** qui devait prendre la mer le plus vite possible. Des moines **bénédictins**, conduits par Fernando Buyl, devaient y participer. Ils seraient les premiers évangélisateurs des terres nouvelles.

Christophe Colomb, nommé capitaine général de la flotte, et confirmé dans son titre de gouverneur, était au sommet de sa gloire. De retour à Séville, il fit preuve d'une grande activité, et s'adressant au comptable officiel, Juan de Soria, il lui dit sur un ton d'autorité :

– Il me faut les meilleurs pilotes, des artisans, des cultivateurs…

Juan de Soria l'interrompit sans ménagement :

– Monsieur le gouverneur, tout a été prévu ! Nous avons embarqué des animaux domestiques, des graines et des plantes, la **pacotille** nécessaire aux échanges, les munitions… sans oublier les chevaux ! Mais il nous est difficile de limiter le nombre des passagers : tout le monde veut embarquer.

Armada : mot espagnol qui désigne une flotte de guerre.
Bénédictin : moine de l'ordre de Saint-Benoît.
Pacotille : menus objets de peu de valeur.

LE MONDE est partagé entre les Espagnols et les Portugais comme le montre la ligne verticale tracée sur ce planisphère. Les terres à l'ouest de cette démarcation, (de l'embouchure de l'Amazone à celle du Río de la Plata) reviennent à la couronne d'Espagne, et celles à l'est (le Brésil, l'Afrique et la majeure partie de l'Asie), à la couronne du Portugal.

Le maître du Nouveau Monde
Sur cette ancienne gravure sur bois (1493), on peut voir le roi Ferdinand d'Aragon assis en majesté qui, d'un geste autoritaire, semble envoyer les trois caravelles de l'autre côté de la mer Océane. La découverte précède de peu la conquête et l'évangélisation.

Jean II le Parfait (1455-1495), roi du Portugal

Le roi du Portugal
Jean II est le fils d'Alphone V l'Africain et d'Isabelle du Portugal. Intelligent, il continue l'œuvre d'Henri le Navigateur et crée la « junte des mathématiciens ». Il s'efforce de rester en paix avec l'Espagne, mais sans renoncer à ses prétentions coloniales. Sous son règne, le navigateur Bartolomeu Dias double le cap de Bonne-Espérance (1488) et le traité de Tordesillas est signé.

“ La rivalité était de plus en plus vive entre la Castille et le Portugal… ”

Le pape Alexandre VI Borgia (1431-1503)

Isabelle et Ferdinand

Alexandre Borgia
Par une bulle (*De Sublimis deus*, 1493), ce pape, d'origine espagnole, partage le monde entre l'Espagne et le Portugal. Un nouveau traité, celui de Tordesillas (1494), est plus favorable aux Portugais et leur accorde le futur Brésil.

Les Rois Catholiques
En 1479, Isabelle et Ferdinand sont reconnus comme rois de Castille, et Ferdinand hérite de la couronne d'Aragon. La fin de la Reconquête du territoire de l'Espagne sur les musulmans donne un grand prestige aux Rois Catholiques, titre qui leur est accordé après l'annonce de la découverte des nouvelles terres. Leur règne a représenté un moment d'exceptionnelle grandeur dans l'histoire espagnole.

Par l'épée et par la croix

Le 25 septembre 1493, dix-sept caravelles emportant mille deux cents passagers partirent du port de Cadix. Les marins chantaient en remontant les ancres et en hissant les voiles, persuadés qu'ils partaient pour une merveilleuse aventure. Dans leur imagination se mêlaient les rêves d'or et les visions de paradis.

La flotte atteignit les Canaries le 1er octobre. À la Gomera, Colomb fit embarquer des chèvres, des moutons, des cochons et des poules. Les vents alizés gonflant les voiles, vingt jours suffirent aux caravelles pour atteindre l'archipel des Caraïbes.

Avant de débarquer sur la première île – baptisée la Dominique car on l'aperçut un dimanche –, les marins avaient vu apparaître sur les mâts des navires les **feux de Saint-Elme**, que la plupart interprétaient comme de **bon augure**.

– Continuons ! décida Colomb toujours impatient. Cette île est trop petite et elle n'a pas de port naturel.

Dans l'île suivante, qu'il appela Marie-Galante, du nom

Feux de Saint-Elme : phénomène atmosphérique électrique lumineux qui apparaît parfois à l'extrémité des mâts des navires, surtout par temps d'orage.
Bon augure : qui annonce de bonnes nouvelles.

de son bateau, il planta la bannière royale. La troisième, qui avait la forme d'un papillon et où l'on pouvait admirer une gigantesque et magnifique cascade qui se brisait dans une mer d'écume, fut baptisée Guadeloupe, en l'honneur de la Vierge de Guadalupe en **Estrémadure**.

Estrémadure : province d'Espagne entre l'Andalousie et le Portugal.

Impatients de connaître ces pays merveilleux, plusieurs hommes avaient entrepris, sur leur propre initiative, une incursion à l'intérieur de l'île. Alonso de Ojeda, célèbre pour son intrépidité, était à leur tête. Il fit un rapport surprenant à son retour :

– Seigneur Colomb, vous devez savoir que les habitants de cette île se nourrissent de chair humaine ! Nous avons trouvé ces crânes dans leurs cabanes. Apparemment, ils s'en servent comme de récipients.

Et il tendit à Colomb l'un de ces macabres trophées.

– Il s'agit sans doute des terribles Caraïbes que craignent tant les Taïnos, répondit Colomb, plus soucieux qu'effrayé.

– Il n'y a donc pas que des anges dans ce paradis ! remarqua Alonso avec une pointe d'ironie.

– Effectivement, ce sont plutôt des diables féroces, et il faudra les traiter comme tels, ajouta le capitaine de navire Diego Marquez qui avait participé à cette exploration. Ces Caraïbes enlèvent les jeunes femmes qui vivent dans les autres îles, et ils dévorent leurs enfants. Dans leurs cabanes j'ai vu des restes humains suspendus aux poutres, comme dans une boucherie. Ces sauvages étaient partis dans leurs montagnes ou sur leurs canots, aussi j'ai pu ramener avec moi quelques captives qui seraient ravies d'embarquer sur nos navires.

– Ce sont des femmes taïnos, confirma Colomb.

Et il ajouta aussitôt :

– Il nous faut rejoindre l'île Espagnole au plus vite !

Dans l'île de Santa Cruz, les Espagnols purent apprécier le courage et la férocité des Caraïbes qui les attaquèrent sans crainte, faisant usage de flèches aux pointes tranchantes fabriquées en écaille de tortue ou en arête de poisson. Les peintures de guerre qui recouvraient leurs visages et leur expression menaçante montraient que les « hommes venus du Ciel » ne les impressionnaient pas.

Après une escale sur une grande terre qui fut baptisée **Saint-Jean-Baptiste**, la flotte longea les côtes orientales de l'île Espagnole. Un matelot, qui avait parcouru la plage du golfe des Flèches, rapporta une nouvelle terrible :

Saint-Jean-Baptiste : l'île de Porto Rico actuelle.

– Amiral, j'ai découvert les cadavres de deux hommes, à moitié décomposés… Je peux vous assurer que l'un d'eux est espagnol : c'est mon ami Juan Martinez. Je l'ai reconnu à sa barbe noire et à une cicatrice qu'il portait au visage près de l'œil. Il est attaché par les poignets sur une croix de bois !

Il faisait nuit lorsque la *Marie-Galante* jeta l'ancre à une lieue du fort de la Nativité. Des Indiens s'approchèrent dans un grand canot. Un cacique monta à bord du navire et, l'air embarrassé, il donna des explications assez confuses sur le sort de la petite colonie espagnole. L'un des Taïnos qui désormais servait d'interprète traduisit :

– Il dit que beaucoup d'hommes ont péri de mort naturelle, que certains se sont entre-tués. D'autres encore se sont réfugiés dans des parties éloignées de l'île, cherchant de l'or et emmenant plusieurs femmes indiennes, souvent contre leur gré.

Ces nouvelles étaient angoissantes, on pouvait imaginer le pire ! Le traducteur continua :

– Guacanaguari a été attaqué par le sauvage cacique Caonabo qui règne en maître dans la région de Cibao, là où sont les mines d'or. Il a été blessé en défendant le fort.

Lorsque les Espagnols s'approchèrent de la forteresse, tout n'était que ruines et désolation. Le village taïno avait été lui aussi incendié. Colomb put rencontrer Guacanaguari qui l'accueillit avec des pleurs et de grandes démonstrations d'amitié. De toute évidence, celui-ci n'avait pas été blessé comme on le prétendait.

– Ne voyez-vous pas que ce sauvage vous a trahi ? dit le père Buyl en s'approchant de Colomb. Il mérite un châtiment exemplaire.

– Je lui fais encore confiance, répondit Colomb assez irrité. (Le père Buyl ne lui inspirait aucune sympathie.)

Mais, le jour suivant, Guacanaguari avait disparu !

– Nous devons fonder un établissement durable pour que l'on puisse débarquer au plus vite les hommes et les animaux. La vie est devenue intenable dans les navires.

Le capitaine Melchor Maldonado, qui rentrait d'une expédition à l'intérieur des terres, ne put qu'approuver cette réflexion de l'amiral qui ressemblait beaucoup à un ordre.

En décembre, les colons s'installèrent dans un lieu abrité, et construisirent la première ville chrétienne, qu'ils appelèrent Isabela.

Le 9 février 1494, neuf navires prirent le chemin du retour sous le commandement d'Antonio de Torres. Celui-ci était porteur d'une lettre destinée aux Rois Catholiques où Colomb disait son espoir de trouver de l'or dans la région de Cibao. Il fit aussi embarquer un certain nombre de Caraïbes pour qu'ils fussent vendus comme esclaves en Espagne.

La triste conquête venait de commencer.

Fatigué par une activité excessive, victime des fièvres, Colomb ne se rendit pas compte que des mécontents tentaient de se révolter contre lui. Certains voulaient rentrer immédiatement en Espagne et s'emparer de l'un des

Partisan : personne dévouée à quelqu'un ou à une cause.

navires qui restaient dans le port, d'autres ne supportaient pas de ne pas trouver de l'or en quantité. Dès qu'il fut sur pied, Colomb organisa une importante expédition vers Cibao. Malgré les résultats encourageants, à son retour, la population d'Isabela lui était de plus en plus hostile. Il s'appuya sur son jeune frère Diego en qui il avait toute confiance :

– Diego, je dois encore explorer les îles, tu seras membre du conseil de la ville.

– Je ferai selon tes désirs. Mais je crains d'être moi aussi considéré comme un étranger. Et le père Buyl ne m'inspire pas confiance.

– C'est l'affaire de quelques semaines. Je dois reconnaître la côte de Cuba qui, j'en suis sûr, est une péninsule des Indes.

Après plus de cinq mois de navigation et d'explorations, notamment à Cuba et à la Jamaïque, Colomb revint à Isabela en septembre, et il eut la surprise d'y trouver son frère aîné Bartolomé. Il le nomma aussitôt gouverneur militaire de la province.

Des nobles et des soldats castillans dirigés par l'officier Pedro Margarite tenaient tête aux Génois. Ces hommes, accompagnés du père Buyl et de ses **partisans**, s'emparèrent de plusieurs vaisseaux et firent voile vers l'Espagne.

Tout allait mal, les Espagnols commettaient les pires

exactions contre les Indiens et ceux-ci se vengeaient dès qu'ils le pouvaient.

On était loin des heureux débuts ! Bartolomé se comportait en **conquistador** cruel et **impitoyable**, faisant des centaines de prisonniers, donc autant d'esclaves. Les caciques Guatiguana et Caonabo furent vaincus et capturés par les troupes d'Alonso de Ojeda.

Exactions : brutalités, cruautés et destructions.
Conquistador : nom donné aux soldats espagnols qui participèrent à la conquête du Nouveau Monde.
Impitoyable : sans pitié, cruel.
Asservissement : action de réduire en esclavage.

Les Indiens essayèrent de fuir, d'éviter les travaux forcés. Colomb les contraignit alors à payer des impôts en or. La guerre, la misère, le désespoir et les maladies firent mourir deux Indiens sur trois.

Ce second voyage était celui des destructions, des meurtres et des trahisons, et pour les Indiens celui de l'**asservissement** et de la mort.

Les hommes avaient créé l'enfer dans un décor de paradis !

LES VIOLENCES dont les Indiens sont victimes pendant les premières années de la colonisation entraînent leur disparition progressive. Pratiquement réduits à l'esclavage, ils sont obligés de travailler pour les Espagnols dans des conditions insupportables. Plus que les massacres, les maladies apportées par les Européens (en particulier la variole) déciment les Taïnos et les Caraïbes.

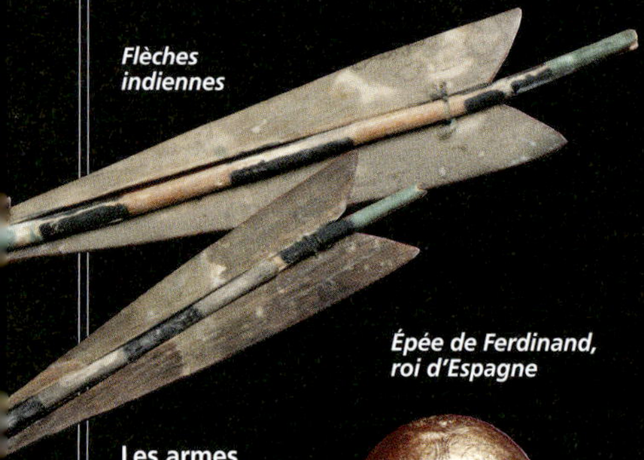

Flèches indiennes

Les Conquistadores
Ces hommes venus en conquérants sur leurs terres font peur aux Indiens. Soldats aguerris, ils ont combattu pendant de nombreuses années les Maures en Espagne.

Épée de Ferdinand, roi d'Espagne

Les armes des Indiens
Leurs armes de chasse et de guerre sont les *macanas* (ou casse-têtes), les haches, les couteaux, des javelots dont les pointes sont faites de pierres dures, d'os ou d'arêtes de poissons. Les armes les plus meurtrières sont les arcs et les flèches.

« La guerre, la misère, le désespoir et les maladies firent mourir deux Indiens sur trois. »

Les armes des Espagnols
Les Espagnols combattent avec des cuirasses et des casques d'acier qui leur assurent une protection efficace contre les armes indiennes, mais qui sont lourds et incommodes sous les climats tropicaux. Ils disposent d'armes à feu comme les pistolets et les arquebuses, mais leur arme la plus redoutable est l'épée.

La mort d'Anacaona
Cette gravure anti-Espagnole, réalisée à Francfort en 1598, a pour but de dénoncer les massacres et les violences des premières années de la conquête. On peut y voir l'incendie volontaire d'une *maloca* (case) où les Indiens périssent dans les flammes, et la pendaison de la princesse Anacaona, symbole du Nouveau Monde.

La pendaison d'Anacaona

Violence et cruauté
Le désir de domination et la soif de l'or conduisent les Espagnols à commettre les pires crimes dans les territoires qu'ils viennent de découvrir. Cette illustration reprend le texte d'un dominicain espagnol, Las Casas, qui dénonce l'utilisation de chiens féroces dressés pour attaquer les Indiens.

Indiens livrés aux chiens

Les derniers voyages

Pedro Margarite et le père Buyl se chargèrent de noircir l'image de Christophe Colomb auprès de la cour de Castille, l'accusant de **tyrannie** envers les **colons** d'Isabela et soulignant son arrogance, indigne d'un « étranger ».

La reine Isabelle interdit que l'on vendît les Indiens comme esclaves et ordonna qu'ils fussent mieux traités à l'avenir. Ce vœu resta sans effet. On autorisa le départ vers les Indes occidentales des Espagnols qui le désireraient à condition qu'ils s'embarquent à Cadix.

Tyrannie : abus de pouvoir pour assouvir des ambitions personnelles.
Colons : premiers habitants européens du Nouveau Monde.

Une partie du pouvoir échappait ainsi à Colomb qui ne pouvait plus décider à lui seul qui rejoindrait les nouveaux territoires. On se méfiait désormais du navigateur : Fonseca, qui dirigeait les affaires des Indes, envoya un enquêteur, Juan Aguado, à Isabela pour surveiller les activités de l'amiral.

De retour de ses guerres à l'intérieur de l'île, Colomb fit preuve de sagesse en n'affrontant pas violemment l'envoyé de la Couronne :

– Diego, il est temps de reprendre la mer et d'aller nous expliquer en Espagne ! Je n'ai affaire qu'à des **ingrats**. Aguado viendra avec nous, ce sera la meilleure façon de le **neutraliser**.

Ingrats : qui n'ont pas de reconnaissance.
Neutraliser : empêcher d'agir, rendre inoffensif.

– J'admire la patience dont tu as fait preuve avec cet insolent ! Mais tu as sans doute eu raison. Emmenons avec nous le terrible Caonabo, les rois verront bien que les Indiens ne sont pas de doux agneaux !

Lorsque le 11 juin 1496, la *Niña* entra dans le port de Cadix avec les autres navires, l'indomptable cacique Caonabo était mort, évitant ainsi l'humiliation de l'esclavage.

Les Rois Catholiques reçurent cordialement le gouverneur Colomb à Burgos. Ses erreurs semblaient avoir été pardonnées. Aussi l'amiral n'hésita pas à proposer l'organisation d'un troisième voyage. Mais il dut attendre près de deux ans pour obtenir les fonds nécessaires car Fonseca faisait tout son possible pour retarder le départ des six caravelles.

– Je suivrai une autre route avec la moitié de la flotte. Les autres navires iront directement vers l'île Espagnole après notre escale des Canaries, et toi Pedro, tu auras le commandement de l'un de ces bateaux, dit Colomb à Pedro Arana, le frère de sa chère Béatrice.

– Mais vous-même, où irez-vous donc, si je puis me permettre de vous le demander ?

– Tu peux, répondit Christophe en riant, mais je crains que tu n'obtiennes pas de réponse !

La flotte partit le 30 mai 1498 de Sanlúcar de Barrameda et fit escale aux Canaries. Colomb, avec ses trois navires, continua vers le sud jusqu'aux îles du Cap-Vert et s'engagea dans une très longue et très inquiétante traversée vers l'inconnu.

Enfin, après des semaines de navigation, il aperçut une grande île qui fut baptisée la Trinité. Puis il reconnut le golfe de Paria et l'embouchure d'un énorme fleuve. Pouvait-il s'agir du **Gange**, l'un des fleuves qui descend du Paradis terrestre ? L'amiral **consigna** dans son journal de bord :

« **Ce fleuve** vient d'une grande terre située au sud, comme le prouve la masse d'eau qu'il **charrie**. Il vient d'un autre monde. »

Le Gange : fleuve de l'Inde.
Consigner : noter.
Ce fleuve : il s'agit de l'Orénoque, fleuve d'Amérique du Sud.
Charrier : transporter.

Colomb, toujours pressé, rejoignit en quelques jours l'île Espagnole. Il la reconnut à peine. Bartolomé avait transporté la capitale au sud, fondant Santo Domingo, et la guerre faisait rage. Cette fois-ci, elle opposait les Espagnols entre eux ! Le rebelle Francisco Roldán avait entraîné une partie des habitants d'Isabela et il avait fait alliance avec le cacique Guarionex.

Il fallut un an à Colomb pour venir à bout de cette révolte par la **négociation**, les promesses ou les menaces. Il en arriva même à s'allier avec Roldán contre un autre rebelle, Adrian de Mojica, qu'il finit par capturer.

– Tu tardes beaucoup à faire tes prières, reprocha Colomb à son prisonnier qu'il avait condamné à mort.

Et, disant ses mots, il le poussa du haut des remparts de Santo Domingo. Sept autres rebelles avaient été pendus sur son ordre. Le reste de la bande fut emprisonné.

La situation était donc dramatique en ce mois d'août 1500, lorsque arriva à Santo Domingo le commandeur Francisco Bobadilla que les Rois Catholiques avaient envoyé pour remettre de l'ordre dans la colonie. En l'absence de Colomb, il libéra les prisonniers, et il voulut montrer que le pouvoir avait changé de mains.

– Messire Colomb, vous voici enfin ! lui dit-il à son retour. Je dispose de tous les pouvoirs royaux, et mon esprit de justice me contraint à vous emprisonner dans la forteresse. Soldats, mettez-lui les **chaînes** !

Christophe Colomb n'opposa aucune résistance, son frère Bartolomé non plus. Une caravelle les conduisit à Cadix au mois d'octobre où leur arrivée causa une profonde émotion et une indignation générale. Colomb ne voulut pas qu'on lui ôtât les chaînes tant qu'un ordre royal ne l'exigeat :

Négociation : discussion pour parvenir à un accord.
Chaînes : on mettait des chaînes aux poignets et aux chevilles des prisonniers.

– Je les conserverai toujours. Voilà comment on récompense les services que j'ai rendus ! Je souhaite qu'on les mette dans mon cercueil lorsque Dieu me rappellera à lui !

Convoqué à Grenade en décembre, Colomb rencontra les souverains et fut rassuré. On ne tiendrait pas compte des accusations sûrement exagérées de Bobadilla, et l'amiral récupérerait ses privilèges. Mais il sentait bien que son prestige avait décliné. D'autres expéditions vers les Indes occidentales avaient été autorisées, comme celle de Ojeda ou celle de Rodrigo Bastidas, sans qu'on lui eût demandé son avis. Il n'était plus seul sur la route des Indes...

En remplacement de Bobadilla, la Couronne envoya Nicolás de Ovando comme gouverneur général, avec trente navires et mille cinq cents nouveaux colons. Colomb n'était plus rien ! Ses découvertes lui échappaient ! Amer, mais non désespéré, il envisagea une autre entreprise à sa mesure : la reconquête de Jérusalem alors aux mains des Infidèles.

Il abandonna cette idée lorsqu'on lui permit de faire un quatrième voyage, mais il devait se limiter aux territoires déjà découverts, et l'île Espagnole lui était interdite.

Colomb prit le commandement de quatre petites caravelles qui partirent de Cadix le 9 mai 1501. Bartolomé était du voyage ainsi que le jeune fils de l'amiral, Fernando. Il parvint à Matinino et de là se dirigea vers Santo Domingo où, en vertu des directives royales, on ne le laissa pas **accoster**. Il fit alors parvenir ce message :

« Faites savoir au gouverneur Ovando qu'un terrible **ouragan** se prépare. Il faut que j'abrite mes navires et lui-même aurait intérêt à attendre avant d'**appareiller** vers l'Espagne. »

Ces recommandations de Colomb furent considérées comme une ruse, et personne ne voulut en tenir compte. Or, en excellent marin, il avait vu juste. Vingt-quatre navires qui avaient pris la mer firent naufrage, causant la mort de cinq

Accoster : pour un navire, s'approcher d'un quai ou d'un rivage.
Ouragan : terrible tempête.
Appareiller : se dit d'un navire qui lève l'ancre, hisse les voiles pour quitter le port.

Veraguas : région de l'Amérique centrale, actuellement une partie de la république de Panamá.
Colonisation : fait de conquérir et de peupler.
Suppliques : lettres envoyées à un personnage d'un rang supérieur (ici le roi) pour lui demander une faveur.
Évasives : qui manquent de précision et qui n'engagent à rien.

cents passagers, parmi lesquels Bobadilla et Roldán ! Fallait-il voir la main de Dieu dans ce désastre ? Colomb, lui, trouva refuge sur les côtes de la Jamaïque, et échappa ainsi à l'ouragan dévastateur.
Poursuivant ses explorations, l'amiral toucha la terre ferme à **Veraguas** et explora toute cette région. Là, enfin, il trouva les mines d'or tant recherchées ! Puis il revint à la Jamaïque où il resta un an avant qu'Ovando lui concède de séjourner brièvement dans l'île Espagnole.

La vie des Indiens n'était plus qu'un long supplice. La princesse Anacaona, qui avait pourtant généreusement accueilli les étrangers, avait été emprisonnée puis pendue et un grand nombre d'Indiens massacrés. L'engrenage infernal de la **colonisation** semblait tout broyer.

Le dernier voyage maritime de Christophe Colomb s'acheva le 7 novembre 1504 à Sanlúcar de Barrameda. L'amiral était épuisé et presque aveugle.

De retour à Séville, il passa son temps à dicter des lettres et à rédiger des **suppliques** pour retrouver ses privilèges perdus. Le roi Ferdinand lui envoya à chaque fois des réponses **évasives**. Il s'adressa aussi à Amerigo Vespucci en qui il avait toute confiance :

– Je vous confie ces missives, mon cher Amerigo, faites valoir l'importance de mes découvertes, vous qui avez navigué dans ces parages avec Alonso de Ojeda... Je n'ai plus guère d'espoir depuis la mort de la reine... Je vous serais reconnaissant de me faire savoir si je figure dans son testament.

Inscription : « Por Castilla y por León Nuevo Mundo halló Colón. »

Ultime déception : il n'y figurait pas !

Vaincu par la maladie et les épreuves, Christophe Colomb partit pour son dernier voyage le 20 mai 1506 à Valladolid, léguant tous ses titres à son fils aîné Diego.

Si l'amiral de la mer Océane était sûr d'accéder à la vie éternelle, en cette dernière heure, savait-il vraiment ce qu'il avait découvert ?

Après sa mort, le roi Ferdinand fit ériger un monument à sa mémoire, avec cette **inscription** : « Pour la Castille et pour le León, un Nouveau Monde trouva Colomb. »

Les explorations maritimes s'accélèrent au XVe siècle. Avant la mort de Colomb, Alonso de Ojeda, Diego de Nicuesa et Amerigo Vespucci ont participé à des expéditions sur les côtes du Nouveau Monde, les Portugais ont atteint les Indes en contournant l'Afrique. Il ne reste qu'à faire le tour du monde !

Le tour du monde de Magellan

Sébastien Cabot
Ce navigateur est né à Venise. Il accompagne son père Jean Cabot aux Indes. Il explore les côtes de l'Amérique du Nord jusqu'à la baie d'Hudson, et il fait également un voyage au Río de la Plata et au Paraguay (1525).

Sébastien Cabot (1480 ?-1557)

Fernand de Magellan
Ce navigateur portugais a voyagé aux Indes et en Afrique. Tombé en disgrâce, il se met au service de Charles Quint : son but est de trouver le passage au sud du continent américain pour atteindre les Moluques mais il a sous-estimé la largeur de l'océan Pacifique. Son voyage est l'un des plus extraordinaires de l'histoire de la navigation.

Fernand de Magellan (1480-1521)

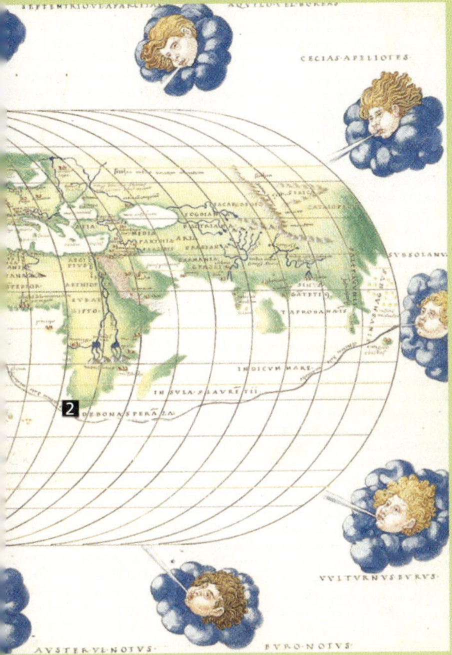

Amerigo Vespucci (1454-1512)

1. Détroit de Magellan
2. Cap de Bonne-Espérance

Vasco de Gama
Ce navigateur portugais double le cap de Bonne-Espérance le 22 novembre 1497 avec quatre vaisseaux. Il longe ensuite la côte orientale de l'Afrique et atteint les côtes de Malabar (Inde). C'est lui qui ouvre la voie du commerce aux Indes aux Portugais.

Le premier tour du monde
Le 10 août 1519, une flotte de cinq navires part de Séville. Magellan qui commande l'expédition, franchit le détroit qui porte son nom, puis aborde aux Philippines après une traversée épuisante de trois mois et vingt jours. Il périt pendant le tour du monde. C'est l'Espagnol Elcano qui termine le voyage à bord de la *Victoria*. Il parvient en Espagne le 6 septembre 1522, avec 18 survivants.

Vasco de Gama (1469-1524)

“ Pour la Castille et pour le León, un Nouveau Monde trouva Colomb. ”

Amerigo Vespucci
Navigateur né à Florence, il se lie d'amitié avec Christophe Colomb qu'il a rencontré à Barcelone en 1493. Il fait plusieurs voyages sur les côtes du Nouveau Monde dont il écrit la relation. Ses récits sont très largement diffusés dans toute l'Europe. Son prénom est choisi par des géographes pour désigner le Nouveau Monde : America.

LES RÉCITS DE LA DÉCOUVERTE DE L'AMÉRIQUE

LA LETTRE DE CHRISTOPHE COLOMB

Le document le plus précieux pour la connaissance de l'aventure de Christophe Colomb est son journal de bord, sans doute le premier du genre, où il décrit toutes les péripéties de son voyage et où il donne ses premières impressions. L'objectivité de son récit est remarquable pour l'époque : Colomb reconnaît, par exemple, qu'il n'a pas vu les monstres qu'il s'attendait à rencontrer. Pendant longtemps ce texte est resté inédit (jusqu'en 1825), et on ne connaissait que le résumé contenu dans la fameuse lettre de Christophe Colomb à Luis de Santangel qui fut publiée immédiatement après son retour triomphal en 1493. Ce texte de huit pages fut diffusé en Europe en latin, puis traduit en plusieurs langues. Il révélait l'existence d'îles dans la mer Océane habitées par des populations inconnues qui vivaient à « l'état de nature » dans une sorte de paradis terrestre.

1492-1992
La célébration du cinquième centenaire de la découverte de l'Amérique en 1992 a donné lieu à de nombreuses publications, à des rencontres et à des controverses portant essentiellement sur les conséquences de la découverte et de la conquête du Nouveau Monde pour les populations indigènes.

LA PERSONNALITÉ DE CHRISTOPHE COLOMB

Malgré sa célébrité universelle, le découvreur de l'Amérique reste un personnage mystérieux. La source principale pour connaître sa biographie est *La Vie de l'amiral Christophe Colomb* écrite par son fils Fernando, dont le texte original en espagnol a disparu. Fernando reste assez vague sur le lieu et la date de naissance de son père ainsi que sur sa famille. La découverte de certains documents

Un saint ?
Au XIXe siècle, il y eut une tentative de canonisation. Mais Christophe Colomb ne devint jamais saint Christophe!

rend à peu près certaine son origine génoise, mais certains historiens le font naître en Corse, en Catalogne ou en Galice !
Était-il d'origine juive comme l'affirment plusieurs spécialistes ? Peut-être, mais ce qui est sûr c'est que sa foi catholique était profonde et qu'elle allait même jusqu'au mysticisme.
La même incertitude existe à propos du lieu de sa sépulture : son tombeau monumental se trouve dans la cathédrale de Séville, mais on affirme aussi qu'il est enterré dans la cathédrale de Saint-Domingue.

Que savait-il ?
À la fin de sa vie, Colomb pensait-il qu'il avait atteint l'Asie ou avait-il conscience que les territoires qu'il avait visités appartenaient à une terre nouvelle qui ne figurait sur aucune carte ?

Colomb et les artistes
De nombreux peintres, dessinateurs et sculpteurs ont été inspirés par la découverte de l'Amérique et par son héros. Il en a été de même pour les cinéastes.

Colomb et l'histoire

Personnage charnière entre le Moyen Âge et la Renaissance, Colomb ne fut guère célébré au cours du XVIe siècle. Pourtant, la découverte du Nouveau Monde était alors considérée comme « l'événement le plus important depuis l'incarnation de Notre Seigneur Jésus Christ », comme l'écrivit l'historien officiel de Charles Quint.
Il faut attendre le XVIIe siècle pour trouver des écrivains qui s'intéressent au destin du navigateur (par exemple, Félix Lope de Vega Carpio, *Le Nouveau Monde découvert par Colomb*).
À partir du XVIIIe siècle jusqu'à nos jours un très grand nombre d'ouvrages ont été publiés sur Christophe Colomb et sur les conséquences d'un événement qui a changé le cours de l'histoire.

Crédits photographiques

h : haut b : bas
d : droit g : gauche
c : centre

18 c : carte de Paolo Toscanelli, XIVe s., Florence, Bibliothèque nationale. © Scala ; g : gravure coloriée d'après K. von Gesner, © AKG ; b : dessin de J. de la Cosa, *Carte figurant l'hémisphère occidental du monde*, 1500, Londres, Royal geographical society. © Bridgeman-Giraudon.

19 bd : livre d'heures du XVe s., *Le paradis terrestre*, Bruxelles, Bibliothèque royale. © AKG.

30 b : cathédrale de Séville. © SCOPE/ P. Garenne ; c : *Christ en croix,* sculpture sur bois de J. Martinez Montanes, XVe s. © Index/Bridgeman-Giraudon.

31 c : P. Berruguete, *Autodafé présidé par saint Dominique*, Madrid, Musée du Prado. © Bridgeman-Giraudon ; d : *Portrait de l'inquisiteur Torquemada*, XVe s., Madrid, Musée du Prado. © Artephot / Oronoz.

42 h : dignitaires musulmans, XIVe s., Grenade, palais de l'Alhambra. © AKG ; b : Juifs, XVIe s., Madrid, collection Varez Fisa. © Artephot / Oronoz

43 c : *Ferdinand d'Aragon et Isabelle la Catholique*, Chantilly, Musée Condé. © Bridgeman-Giraudon ; hd : épée de Boabdil, XVIe s., Madrid, Musée Ejercito. © Artephot / Oronoz ; b : sculpture de Rodrigo Aleman, *Prise de Grenade le 2 janvier 1492*, XVe s., Tolède. © AKG.

52 g : Sanlúcar. © Corbis / S. Westmortland ; h : huile sur toile de Claudio Coello, *Ville et port de Séville*, XVIe s., Madrid, Musée des Amériques. © Artephot / Oronoz ; b : huile sur bois de Lorenzo Costa, *La Nef des Argonautes* (détail), Padoue, Musée civil. © Bridgeman-Giraudon-Alinari.

53 b (et couverture) : maquette de la caravelle *Santa María*, Berlin, Musée de l'Histoire allemande. © AKG.

62 h : tapisserie de Mabelle L. Holmes, *Christophe Colomb navigue dans l'inconnu*, Jamestown-Yorktown, Fondation M.L. Holmes. © AKG ; g : Abou Bakr Ibn Iousouf, astrolabe, 1216, Toulouse, Musée Paul Dupuy. © Bridgeman-Giraudon-Lauros ; b : psautier de Paris, *Un astronome tenant entre ses mains un astrolabe, entre un copiste et un computiste*, 1225-1250, Bibliothèque de l'Arsenal. © Bridgeman-Giraudon-Flammarion.

63 h : dessin de Julio Garcia Condoy, *Portrait de V. Pinzón*, Madrid, Musée naval. © AKG ; b : huile sur bois de Ridolfo Ghirlandaio, *Portrait de C. Colomb*, Gênes, Musée naval. © Scala.

74 h : plage dans la région de Côtes de fer. © D. Kedar ; g : lamantin, illustration F. Desbordes. © Gallimard ; c : palmier royal, illustration F. Desbordes. © Gallimard.

75 c : perroquet amazone d'Hispaniola, illustration F. Desbordes. © Gallimard ; d : forêt humide, illustration de F. Desbordes. © Gallimard ; b : carte de C. Colomb, 1493, Madrid, collection des ducs d'Albe. © Loïc Ménanteau.

86 h : *Allégorie de l'Amérique*. DR ; b : album de J. White, 1570-1593, *Comment les Indiens font cuire leur poisson*, Londres, British Museum. © AKG ; c : manioc avec ses racines. © dessin de J.-B. Plumier-Bibliothèque du Museum d'Histoire naturelle.

87 h : dessin d'après les lettres de C. Colomb, 1493, *Les Indiens décrits en tant que cannibales*. ©AKG ; d : culture taïno, *Duho*, symbole de puissance, bois trouvé à Saint-Domingue, daté d'avant la conquête espagnole, Saint-Domingue, Museo del Hombre Dominicano. © AKG ; bd : culture taïno, spatule pour faire vomir, bois, trouvée à Saint-Domingue, datée d'avant la conquête espagnole, Saint-Domingue, fondation Garcia Arevado. © AKG.

98 h : *Livre de Jean II du Portugal*, miniature du XVe s., Lisbonne, Arquivio nacional da torre do tombo. © Bridgeman-Giraudon ; b : gravure, *La première découverte de Christophe Colomb*, 1493, Londres, British museum. © AKG.

99 h : carte de Domingos Teixeira, Portugal, 1573, Paris, Bibliothèque nationale. © AKG ; c : les Rois Catholiques, bas-relief en pierre, XVIe s., extérieur de la façade de l'université de Salamanque. © Bridgeman-Giraudon-Index ; bd : peinture allemande, *Portrait d'Alexandre VI Borgia*, début XVIe s., Dijon, Musée des Beaux Arts. © Bridgeman-Giraudon-Lauros.

110 hg : flèches indiennes, XVIe s. © Corbis ; hd : J. del Gheyn, *Maniement d'armes, arquebuses et piques*, Amsterdam, 1608, Paris, BNF. © Archives Gallimard Jeunesse ; b : épée de Ferdinand II le Catholique, XVe-XVIe s., Grenade, Capilla Real. © Artephot / Oronoz.

111 h : Th. de Bry, gravure, *La pendaison d'Anacaona*. DR ; b : Th. de Bry, gravure, *Balloa livre les Indiens aux molosses*, Paris, BNF. © Bridgeman-Giraudon.

122 ch (et reprise p. 5 et p. 62 hg) : Battista Agnese, atlas portolan, 1546, Russie, St-Petersbourg, Musée de l'Ermitage. © Artephot / Terebenin ; bg : dessin de F. Grisellini, *Portrait de Sébastien Cabot*, Venedig, Dogenpalast. © AKG ; bd : peinture murale de A. Giovanni de Varese, *Magellan*, XVIe s., Caprarola, Palais Farnese. © Bridgeman-Giraudon.

123 bg : carte de Th. de Bry, *Vespucci*, New York, Public Library. © AKG ; b : livre de Lisuarte de Abreu, *Vasco de Gama*,1565, New York, Pierpont Morgan Library. © AKG.

124 gravure coloriée d'après Konrad von Gesner, © AKG.

125 (et couverture) *Colomb montrant la première terre américaine*, XVIIe s., monastère de la Rabida, Palos. © Dagli Orti.

Bibliographie

P. Chrisp, *Christophe Colomb*, Les Yeux de l'histoire, Gallimard Jeunesse, 2001.

C. Colomb, *La découverte de l'Amérique*, 3 vol., La Découverte.

C. Colomb, *Œuvres complètes*, Éd. La Différence, 1992.

F. Colomb, *Christophe Colomb raconté par son fils*, Perrin, 1986.

J.-P. Duviols, *La découverte de l'Amérique*, Découvertes Junior, Gallimard Jeunesse, 1992.

F. Lambert et G. Buzzelli, *La route des Indes par l'ouest* (bande dessinée), Larousse, 1979.

M. Lequenne, *Christophe Colomb, amiral de la mer Océane*, Découvertes Gallimard, 1991.

Sites internet

Les explorateurs

www.festival voyageur.mb.ca/ forts/gexp.htm# menuexplorateurs

Visiter le musée de la Marine

www.culture.fr/ marine/accueil.htm

Sur les traces

Direction éditoriale :
Françoise Favez
Direction artistique :
Elisabeth Cohat

Sur les traces de Christophe Colomb

Graphisme :
Christine Régnier et Riccardo Tremori
Édition :
Françoise Favez
Iconographie :
Laure Bacchetta

DANS LA MÊME COLLECTION

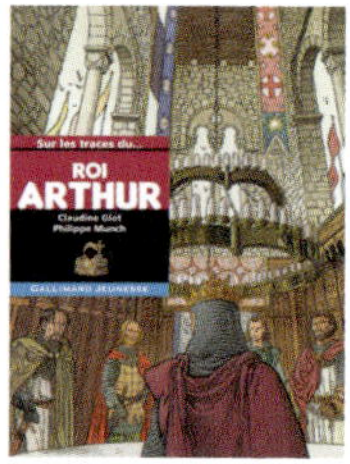

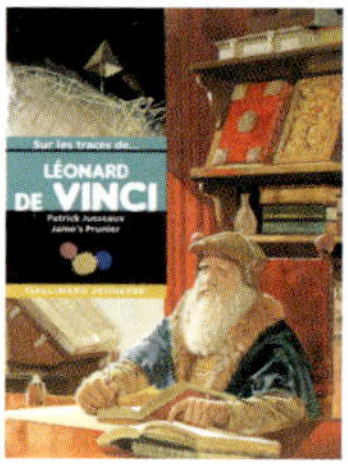

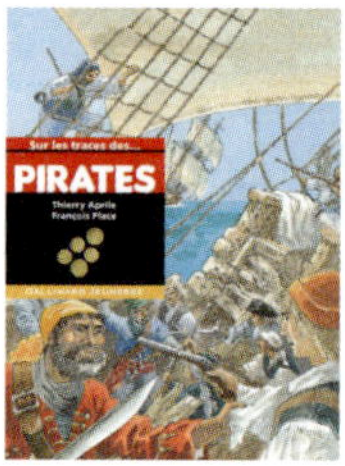

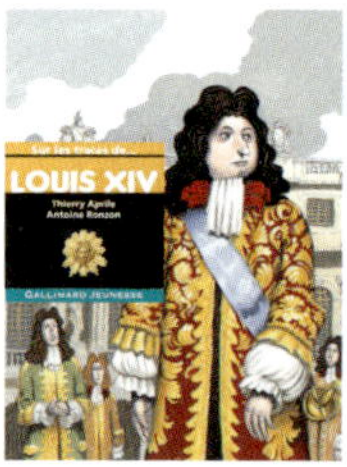

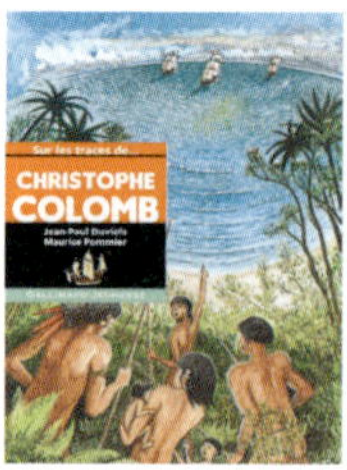

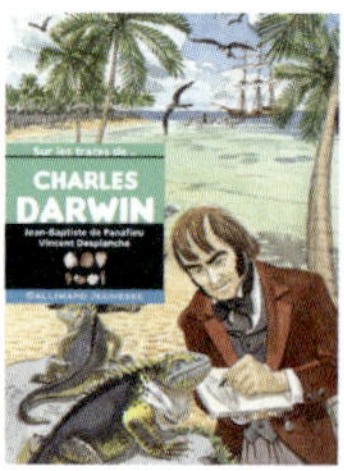